AF140135

# TRÜMMERSEELE

Stephanie Mattner & Michael Pilath

Bibliografische Information der Deutschen Nationalbibliothek:
Die Deutsche Nationalbibliothek verzeichnet diese Publikation
in der Deutschen Nationalbibliografie; detaillierte bibliografische
Daten sind im Internet über http://dnb.d-nb.de abrufbar.


## Impressum

Copyright © 2015

herausgegeben von

*Sternen Blick*

www.sternenblick.org
kontakt@sternenblick.org

Herausgeber:
Stephanie Mattner & Michael Pilath

Cover- & Buchgestaltung:
Stephanie Mattner

Coverhintergrundgrafik: © iulias - fotolia.com

Alle Grafiken im Buch © Peter Starcke
www.starckewortbilder.de

Korrektorat: Jessica Baar

Widmungsgedicht: Rainer Malkowski - Wo Raum ist
Mit freundlicher Genehmigung des Wallstein Verlags
Aus: Rainer Malkowski „Die Gedichte"
© Wallstein Verlag, Göttingen 2009.

Herstellung und Verlag:
BoD - Books on Demand, Norderstedt

ISBN: 9783739210537

# gemeinsam für toleranz

> „Der Mensch ist ein Gott in Trümmern."
> *Ralph Waldo Emerson*

Alle unsere Seelen müssen immer wieder fürchterliche Trümmer erleben und verarbeiten, deshalb freue ich mich, dieses Vorwort schreiben zu dürfen, denn viele unserer Autoren zeigen mit ihren Worten auf, wie eine Zukunft aus Trümmern möglich sein kann.

Wir sind getroffen, betroffen aber nicht wortlos oder seelenlos.

So wie unsere Autoren den Flüchtlingsschicksalen eine Plattform gegeben haben, die nicht von besoffener Betroffenheit trieft, sondern Trauer und Hoffnung widerspiegelt, ohne Verantwortlichkeiten zu vergessen, so sind auch wir als Herausgeber betroffen von der Vielzahl der außergewöhnlichen Beiträge in hoher Qualität, die das große Verständnis für „Trümmerseelen" zeigt.

Ziel dieser Publikation ist, einen Beitrag zu mehr Toleranz und Verständnis füreinander durch Worte zu leisten, denn nur wenn die wortlose Mehrheit immer wieder wegschaut und schweigt, kann der Terror triumphieren.

Michael Pilath
(Herausgeber)

## wo raum ist

— rainer malkowski

Nicht in Häusern, nicht in Worten,
nicht unter Händen im Dunkeln –
wo der Horizont mitwandert,
wo alle Ziele gleich weit sind,
wo Raum ist
und keine Herberge, wo kein Strauch
die Unendlichkeit bedeckt,
da ist Zuflucht
Ich trage meine Unruhe über die Felder,
und sie steigt auf mit den Krähen.

# WortTrümmer

Zerstörung – Bomben

Krieg – Angst – Tod

hoffnungslos – Flucht

A

## sprich die zukunftssprache

— ilona pagel

Der Texter nimmt kein Blatt vorm Mund
und zeigt die Welt in ihrem Dreck.
Die Kunst erhält nur ihren Zweck,
verweist er auf den Schweinehund,

der diese Welt durch Krieg beschmutzt.
Der feine Herr ist auch ein Arsch,
befehligt er den Todesmarsch,
auch wenn er feinsten Zwirn benutzt.

Dichter sprachen oft vom Herzeleiden.
Rein und Sauber hat die Kunst nur Größe.
Gossensprache zeigt doch nur die Blöße.
Schönheitssinn zerfällt wo wir sie meiden.

Nein, wer mag die Zunge dummer Bauern?
Reich und Edel müssen Texte fließen.
Mensch, mit Worte darfst auch du nicht schießen.
Sanfte Tinte kann die Welt betrauern.

Zum Kampfgerät gehören harte Worte,
wohl durchdacht und ehrlich aus des Texters Hand.
Nur soll es bleiben eine Seitenpforte.
Bilde so Poet, zum Menschen festes Band.

Dem Blinden kannst du Deine Augen geben.
Sprich die Zukunftssprache einer neuen Welt.
Die Erde kann nur menschlich weiter leben.
Deine Feder schreibe selbst im Trümmerfeld.

## homs

— wolfgang mach

Flaches Licht bannt Schattenbilder
an zerstörte Wände
Balkone gähnen aus rauchenden Ruinen
Fragende Strukturen sterben in Erinnerungen
stolpern über Trümmer
An den Randzonen, verbranntes Leben
Verzweifelte leere Blicke
hinter lautlosen Fugen
Am Horizont detoniert ein Sprengkörper
geschmiedete Töne des Schreckens
Im Wind flattert Angst
Schreiendes Blut steht in Pfützen
hoffnungslose Fragmente fliehen gen Himmel
Schüsse versiegen durch ausgebrannte Wohnungen
In Wolken genagelte Verzweiflung
blickt auf Gräben des Grauens
auf verlassene Häuserschluchten
Fiebergraue Mauern flüstern
von vergangenen Tagen
Flügel entschweben ins Nirwana
Inschallah

# auf dem berg von lebenstrümmern

— mirko swatoch

Auf dem Berg von Lebenstrümmern
sitzt er mit dem Teddybär.
Niemand wird sich um ihn kümmern,
denn hier wohnt längst keiner mehr.

Als durch Bomben und Raketen
Tod Geschwister, Eltern traf,
Wände sich zur Erde drehten
und begruben sie im Schlaf.

Wo einst lag das Kinderzimmer,
klafft ein großes, tiefes Loch.
Kleine Augen strahlen nimmer,
denn zu schwer wiegt dieses Joch.

Wohin soll'n ihn Füße tragen,
welche Hand gibt neuen Halt?
Wie im Krieg das Leben wagen,
wenn der Friede naht nicht bald?

Wird er neue Heimat finden,
Wärme und Geborgenheit,
werden Träume ihn noch binden,
an die Schrecken jener Zeit.

# fadenkreuz
— olaf kurtz

nur einen Steinwurf
entfernt
liegt das durchgeladene Schweigen
nervös
hinter Gedankenirrtümern
spannt sich
ein Körper
zielsicher
ins Fadenkreuz
mit getarnter Angst
riemeneng
die Kugeln aus dem Magazin
gedrückt
der gesunkene Mensch
lebensstill
an der staubmatten Wand
höre ich
den Atem gehen

# stillleben - mensch unter ulme

— isabella breier

das Bild dieser Ulme
von unten im Gras her
wär Ulme im Wind
auch Ulme auf Blau

das Bild dieses Bilds
von später am Tisch her
wird Büschel im Takt
zartzweigend
hinweisend

zwischendurch Farben
die dringen die bersten
durch Hitze hindurch
durch Himmel der weitet
durch Himmel der stillt
wie's sich gehört

vielleicht was was atmet
vielleicht was was schwingt
    oder was schweigt
    oder was singt

von oben vom Gras her
von unten aus Ulmen
ich oder etwas
was macht
den Sommerwind
warm

vom Gras auf die Ulme
von Ulme her
Ohren
von Ulme her
was
durch Luftzug her
Blick

auf Haufen von Toten auf Haufen von Toten
auf Haufen
von Haufen von Haufen von Toten

## aquarell
— mirani meschkat

die liebe glüht im grau, im staub der stadt.
das aquarell ist neu erfunden worden,
aus tränen, blut, gebrannter umbra ist's gemacht -
der vater aller dinge brachte uns den tod.
auf endzeitmosaiken wuchert nun der mohn,
die sonne trank sich satt am großen morden,
an himmelblauer luft getrocknet
stockte rot vorm eingestürzten tor
und die zerriss'ne geste,
die den sohn umarmen wollte,
verharrt in einem ungewissen malventon
am rand von abgestorbnem grün und braun.
bei den ruinen drüben sonnenuntergang, orange
und als kontur die reihe schwarzer vögel.
so lass uns geh'n, die liebe bleibt und wacht
im staub der stadt, die heimat war und blühte.
wir tragen unser grauen durch die nacht.

# unter den kanaldeckeln
— christiane schwarze

Die Sehnsucht flüstert:
Suche das Meer.

Dann bräuchte sie der Spur der Mutter nicht zu folgen,
zu den Mülltonnen derer,
die etwas besitzen, was sie nicht brauchen.

Schon hinter der nächsten Bergkette
könnte sich das endlose Blau auftun.

Als sie es auch hinter dem Horizont der Ebenen nicht findet,
sagt einer:
Wasser fließt unter den Kanaldeckeln der großen Stadt.

Was kann sie Schlimmeres erwarten als Müll.
Ratten gibt es hier wie dort.

In der Stadt braucht sie keine Worte.
Für was sollte sie ja oder nein sagen können?

Männer zerlegen Körper mit ihren Blicken,
und was man bezahlt, darf man benutzen.
Wichtig ist, die Angst in den Augen des Mädchens zu sehen,
denn mächtig ist nur einer, dessen Gegenüber klein ist.

Die Sehnsucht flüstert:
Suche das Meer.

# ein nachruf
## — isabel leins

Ich liege neben den Buchstaben im Gras, ein steter Regen aus zerbrechenden Worten bettet sich über die schaukelnden Halme. Sie wiegen sich unter dem stillen Gewicht.
Ich beobachte, wie die Lettern fallen, manche im Flug zerberstend. Andere lösen sich erst in der Nässe auf, lautlos zersetzt wie Schmerztabletten im Magen eines Schlafenden.
Ich habe welche von ihnen gefangen und in meinen Händen zusammengesetzt.
Schneeflockenklein und fragil. Fundstücke einer fremden Suche.
Nach Vertrautheit.

Petite.
Gefallene Namen. Lettern ohne Gesicht. Relikte des Verschwindens. Zeugen der Anklage.
Ich grabe in der feuchten Erde nach den Sternen. Lichter, die Gewissheit geben könnten.
Sie sind erloschen. Wie die Pseudonyme verlorener Mädchen in der überdauernden Zeit.
Ihre Laute zu leise, die Tinte zu dünn. Die Feder, die ihre Geschichte ins Netz schrieb, zu scharf.

Der Wind weiß es. Er weiß, dass alles nie so leicht sein kann, um nicht bis zuletzt zu schwer zu sein, um ganz von ihm hinfort getragen zu werden.

Und die Buchstaben rotten ganz ungerührt auf dem Friedhof fremder Erinnerung namenlos vor sich hin.

Petite.

Irgendwo hinter dem schwarzen Himmel muss sie sein. Tot oder lebendig. Mit einem richtigen Namen, schwarz auf weiß, als hielte das Menschen davon ab, zu vergessen.

In Worten ist sie drei Jahre zuvor abhanden gekommen. Zwischen verwackelten Zeilen. Mit einer Siebseele, so zart wie die Asche, die einmal alles sein würde, was bleiben würde.

In Gefühlen ist sie schlicht zu früh abhanden gekommen.

In meiner Hand ihr unechter Name. Hinter dem Himmel ihre wahre Geschichte.

Ihre Zukunft vor meinen Augen – ein Loch mit verschwimmenden Ecken.

Neben mir liegen die Worthülsen der Bilder, die ich in Schrift für sie gemalt habe, auf eine einsame Pinnwand, verborgen hinter einer grauen Silhouette, deren Namen anonym war.

Die Worte sind kalt, wenn ich den Staub von ihnen streife. Sie sind still, wenn ich meine Ohren an sie bette. Damals waren sie angefüllt. Vom Echo der schnellen Detonationen auf der Tastatur. Satzzeichengerahmt. Bis zum Rand ausgestopft mit Zwecken. Lebenszwecken.

Petite.
War ein bekannter Name im unerkannten Raum. Ein Gebilde, das seinem Urheber feuerrotes Haar zuschrieb. Das Konstrukt der Worte brüchig, voller Durchgänge. Für Tränen. Leere.
Und Hoffnung.
Die Vergangenheit formte die Serifen an den Lettern und lutschte besitzergreifend an deren Wirkung.

Petite.
War ein Mensch. Der sich mit Diagnosen malte, auf einer Plattform, die Kunst und Tiefsinn aus Mäkeln extrahierte und Worte in die Zeit brannte, auf dass hundert andere fehlbuchstabierte Wortfehler-Seelen sich an ihnen - ineinander- zu erkennen wissen würden.
Keiner den anderen kennend. Auf Basis der Worte, mit denen alle versuchten, zu begrenzen, was ihnen widerfahren war. So viel zu schreiben, dass irgendwann alles gesagt sein würde, ohne beklemmenden Ton. Tintenfrei. Ein Herz zum Piktogramm entfremdet. Angesichts der Herzen, die jeder Einzelne anders zu malen wusste, aus 50, 100, 3457 geliehenen Worten, von denen nicht eines annähernd wusste, wie es erzählen könnte, ohne im Echo der Zeit zu vergehen.

Petite.

Malte 17. Auszehrung. Gewalt. Einsamkeit. Flucht. In allen Facetten. Mit jedem Wort und keinem Gefühl. Alles was blieb: Sechs Worte, zügig verklingend, ohne Nachhall.

Gefunden. Und doch für verloren befunden.

Aus verwischten Pixeln auf einem fremden Schirm, der nachts schwarz wird und stumm, ein anderer Himmel, ein fremder Horizont.

Die Worte liegen unvollständig neben mir. Zu viele sind im Fluss der Zeit den Bach hinuntergegangen. Zu viele anwesend, die von Petites Abwesenheit wispern.

Ein verschwundener Mensch. Wortverwundet. Überlebt von seinen Zeilen.

Die niemand mehr verstehen kann.

Fundstücke, die nicht mehr ihre sind. Eingraviert in Herzen, die unauffindbar bleiben.

Starres Mahnmal. Niemals die Suche aufzugeben, auf der sie sich verirrte.

Vielleicht bist du noch irgendwo da draußen, Petite, und wartest darauf, dich irgendwann ganz abzulösen von der bildschirmgebundenen Existenz, die irgendwann zu eng für deine wirkliche Lebendigkeit wurde?

Deine Worte wohnen noch hier.

Ich puzzle aus ihren Buchstaben ein letztes „Au Revoir" für dich und hoffe, irgendwo in der Ferne leuchten an ihrer Stelle jetzt die Sterne für dich.

# die ungebrochene stille
## — magdalena ecker

Die ungezählten Stimmen
sind vergangen und verhallt.
Opferfeuer, die verglimmen.
Funken, die durch's Dunkel schwimmen
und die Asche ist schon kalt.

Erloschen sind die Himmelslichter.
Ein Weg durch scharfes Felsgestein
und der Nebel, weiß Gelichter,
ohne Henker, ohne Richter,
verdeckt das ruhende Gebein.

Links und rechts, zu beiden Seiten,
gehen Jahre, ja Jahrzehnte hin
und Träume, aus den alten Zeiten,
die traurig unseren Weg bereiten.
Tote Scherben, ohne Sinn.

Und auch ich erstarre nun,
ohne Wahl und ohne Wille.
Nichts bleibt noch für mich zu tun,
will endlich mit den Felsen ruh'n,
in ungebroch'ner Stille.

## zeit wird zur ewigkeit
— lydia hanschkow

Zeit wird zur Ewigkeit.
Ein Kind im Arm,
liegt sie auf der schmutzigen Decke,
dichtgedrängt mit Vielen.
Tränen quellen aus den Augen,
Nacht für Nacht,
gefesselt von Albträumen,
halten sie in bleiernem
Schlaf gefangen.
Sie läuft schnell, schneller
im Brandgeruch der Geschosse,
suchend ihr Kind.
Ein kleiner Körper zerfetzt,
auf Steinen.
Ein stummer Schrei!
Es bricht das Herz, es blutet,
blutet noch immer!
Zeit wird zur Ewigkeit.

## prisma
— sabine birken

Die Zeit
Geht dahin
Unsere Zeit
Woran wir glauben
Was wir lieben
Sicherheit
Die Angsterfüllte

Die Zeit
Geht dahin
Unsere Zeit
Was wir lieben
Woran wir glauben
Freiheit
Die Selbstverständliche

Die Zeit
Ändert sich
Die Angsterfüllte
Die Selbstverständliche
Geht dahin
Erneuerung
Die Hoffnung

Lieben
Überleben
Fragmente von Glauben

## nehmen
— marvin jüchtern

Milchglasartig und voll unbekannter Scham
schwiegen ihre kleinen Augen, denen
man den Glanz der Kindheit aus den Blicken nahm,
noch bevor sich dieses Sehnen

nach dem Unbekannten zeigt,
das sie nun und viel zu früh erfahren
und das irritiert in ihnen schweigt.
Sie waren

die, die noch zu jung, um zu erfassen,
welche Tiefe sie von jenen erben,
die ihr Leben ohne Gaben lassen und verlassen
und von denen ihnen einzig Scherben

früher Tage bleiben, die sie überleben.
Ohne zu erhalten, wagt
man sie zu übergehen, wenn sie von sich geben,
fortgerissen, ungefragt.

# es ist der gleiche himmel

— alma marie schneider

Meine Texte weinen
eingewickelt mein Land
in der liegen gebliebenen Zeitung
und auf jenem Kiesweg
der mitten durch mein Herz führt
hat sich der Winter eingeschlichen
Meine Texte weinen
in den Armen der Abendsonne
weinen Kinderlachen aus der Bläue
Es wird nicht aufhören

# die kinder ihr stück
— jürgen m. brandtner

Mein Gedicht ist blind.
Sieht noch nicht, was der Wind
über die Berge weht.
Jenes Lispeln, das entsteht,
wenn, mit faulenden Nüstern,
Tote zwischen Gräsern flüstern.

Auf meinem fliegenden Teppich verwischen die Bilder.
War es der Vater oder war es sein wilder
Sohn, dessen blutende Hand
die tränende andere nicht mehr fand?

Getreidefelder jedenfalls strecken
sich dem Erschrecken
der Steinlawinen entgegen,
die die Straßen in die Freiheit verregnen
und an den Rändern erstaunten Schnittern begegnen.

Leopardengleich fauchen
Fahrzeuge vorbei, die rauchen.

Brachten LKWs die saftigroten Melonen
oder karrten sie aus den zerbombten Zonen
Körper, die zerplatzten Melonen nur glichen?

Begann da schon ein Verewiglichen?

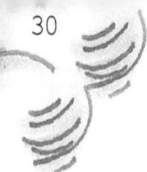

Am Aschenhorizont wachsen Reliefs gewesener Orte.
Es zerren die Mütter, ohne Worte,
ihre Töchter, Leibesfrüchte, zu Verstecken.
Und doch. Es tobt da ein Beflecken.

Begann da gar ein Auferstehen
im rotgetränkten Wehen
der beschlafenen Leichentücher?

Keine Bücher
benötigte der Bauer, um zu erlernen
Leichen vom Acker zu entfernen.

Ungezählte Leiber erheben
sich als Lehm, dem Kind gegeben,
Figuren nach den Normen
der Bücher – Ihm! Ihm! – zu formen,
um erschossene Mütter und Väter –
zuckend im Staub der entflohenen Täter,
die deren suchenden Seelen noch hetzen –
im unschuld'gen Spiel ihres Seins zu ersetzen.

Dies ist klar.
Auch dies: Es war
der Mütter und Väter zukunftsfrohes Lachen,
das mörderische Täterrachen
in den Dreck mit Stiefeln stampften,
während die Kinderherzen krampften.

Weh! Mein Spiel, jenseits der Berge, heißt Entsetzen,
wenn, Steinlawinen ignorierend, der Wind
mir dies Lied, mein Gedicht, erzählt, das blind.

Ich schau vom fliegenden Teppich herunter.
Zwischen den Kinderherzen geht nun munter,
wie er auf Nichtkriegsgebiet heißt, Freund Hein
umher und sammelt all jene ein,
die bleiben.

Ba-ba-ba-ba bleiben.
Ba-ba-ba-bumm bleiben.
Ba-ba-tschsch-bumm bleiben.
Ba-bumm-tschsch-bumm-tschsch-BOMM ...

. . .

Los jetzt! Komm!
Schreiben wir uns sehend und die andern zurück!
In den Himmel zeichnen doch schon,
in wolkenfarbigem Ton,
die Kinder ihr Stück
vom Glück.

## kaputt
— kathamané

– glasscherbenglückbruch –
blutige reste in sternkristallen
– gedankenwerfernetztuch –
halbe sätze in wörterfallen
– angstvertrauenstagebuch –
loses, banges hoffnungsschwelen
– ewigendlichzeitenfluch –
vom jetzt zerfetzte kinderseelen

## wartend
— jacqueline wild

enge gassen voll
zuckender augenlider
schmerzender glieder
hautfetzen knittrig
knöcherne finger zittrig
seele um seele
wie öl
anheizend den schweiß
trauernder existenzen
atemzüge im keim erstickt
eh die welt
im spiegel
der machtlosigkeit aufschrickt

## flucht

— birgit burkey

Hunger
nach Frieden.
In gebrochenen Augen
spiegeln sich unfassbare Tragödien –
kriegsmüde.

## aufgelöst

— silke ebert

Hinter geschlossenen Augen
bist du frei.
Lebenslichter
flüstern:
Lauf!
Und du läufst.
Du bist der, der lebt.

Vor geöffneten Augen
wachsen Zäune.

Löse dich auf in der Stille,
dazwischen ist nichts.
Deine Haustür brennt,
Deine Heimat bebt.
Doch hinter geschlossenen Augen:
bleibst du Mensch.

## entscheidung
— inta rose

Seine Lippen bewegten sich kaum
als er fragte
nur dieses eine Mal
fragte er
kommst Du mit mir
Überwindung von Mauern
von Grenzen im Herzen
dachte sie
und war skeptisch
und liebte ihn doch
dachte an Flucht
an Zurücklassen hier
und an Freiheit dort
nicht lange dachte sie
und nahm seine Hand

## unterwegs

— alexandre deléarde

Zwangsläufig laufend
barfuß durch hohen Berg
mit Tränen kämpfend

Eine Grenze schließt
aschblonder Rauch allseitig
die Polizei schießt

Ein Verzweiflungsschrei
los mit erhobener Faust!
die Welt blüht in Blei

## heimatlos
— hannelore furch

Eines Tages ging ich
durch ein Tor einfach fort
in die rettende Welt meiner Träume,
und die Welt empfing mich
hell im Sonnenschein dort,
und es glänzten und blühten die Bäume.

Doch die Blüten hingen
spitz als Eiszapfen dran,
helle Sonne als Blendung dahinter,
hoch von oben fingen
laut Beschimpfungen an,
und es blitzte im frostigen Winter.

Wieder heimwärts trieb's mich
jetzt zurück durch das Tor,
wieder glänzten und blühten die Bäume,
doch Soldaten sah ich
und sie stürmten hervor
und zerschossen mir Heimat und Träume.

## als wir die heimat verließen

— aramesh

Der Himmel grollte
und die Berge
warfen dunkle Schatten.
Tränen tropften
aus den Wolken, netzten
verbrannte Erde.

Heulend
schwang der Sturm
seine Peitsche,
zwang das Kornfeld
zu Boden und legte die
Garben in Ketten.

Nun suchen verlorene
Kinder ihre Stimme,
Wüstenstaub begräbt
vergessene Gebete
und weiße Tauben
schauen durch Gitterstäbe.

Mütter hüten die Asche
ihrer Kinder und
auf der Spitze des
Minaretts frohlockt
der Hass und schwärzt
grüne Bänder.

Ein letztes Wort ertrinkt
im brennenden Salz der Wogen,
vergessene Boote treiben ins
Nirgendwo, bedeckt vom
Grabtuch der Gedanken –
Traum von Freiheit

## himmeltränen

— astrid schulzke

Der Himmel weint, verbirgt sein Blau,
verhüllt es traurig in Leichentuchgrau.
Gesenktes Haupt, in den Armen ein Kind,
über nassen Asphalt weht rau der Wind.
Über nassen Asphalt mit müden Schritt,
die Hoffnung im Herzen, die Hoffnung geht mit.
Der Himmel weint, verbirgt sein Blau,
verhüllt es traurig in Leichentuchgrau...

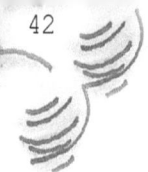

## die gebärde

— patrick hasse

Dann lange Wege, aus der Tiefe
Strahlt der Kosmos, als wüsste er nichts
Vom Umsturz eines Lebens in Sekunden,
Vom tränenden Menschengesicht.

Gebrannt in die Erinnerung –
Der Schrei, der Schmerz, Entmündigung.
Gräber bei Nacht, Zellen am Tag
Sind Augen, die nach innen schauen.

Dahin, wo Unrecht Macht gewann.
Weit der Himmel, hart die Erde.
Schwach des Lebens trotzige Gebärde,
Die hochschaut, tritt und tut, als ob sie sinnt,

Sinnt nach Wendungen und Hoffnungen,
Nach alter Freude Neuerung,
Nach Frieden, Glauben, hohen Zeiten.
Sie schweigt, als könnt sie mich begleiten.

## es sind...
— helmut warnke

Es sind
die leeren Tage
die
schattenlos verbrennen
die
Schutz suchen
in den
Katakomben der Nächte
Es sind
die leeren Tage
die dann
an meinen Schritten
kleben

## über die zwillinge
## aus dem osten und westen

— mirela berberovic

Als die Sonne über Aleppo lange nicht mehr zu sehen war,
nahm ich meinen Kompass in die Hand,
nach der Hoffnung suchend.

Als ob mich die Sonne erhörte,
begleitete sie mich auf meiner Reise,
stets die Richtung zeigend.
Sie und ihr enger Freund Durst.

Viele neue Menschen tummeln sich vor mir.
Viele Neue mit alten Eigenschaften:
taub, stumm, blind.
Viele ohne Verständnis,
dass man nach der Hoffnung mit der Hand greifen will.

In einer anderen Welt,
in der wir alle die gleichen Schuhe tragen werden,
werden sie verstehen können,
dass ein paar Wassertropfen aus ihrer Hand
eine ganze Quelle in meinem Herzen gebildet hätten.

In einer anderen Welt,
in der wir alle Zwillinge sind,
aus einer Eizelle stammend.

Bis dahin,
bis wir uns in der anderen Welt begegnen,
bleibe ich unbemerkt hier
zwischen dem Osten und Westen.

Unbemerkt barfuß,
unbemerkt traurig,
unbemerkt ohne Obhut,
unbemerkt nach einem Lächeln suchend,
unbemerkt dem Kompass der Hoffnung folgend.

Unbemerkt lade ich euch alle ein,
in der anderen Welt
meine Gäste zu sein.

## immer noch
— heidemarie andrea sattler

Wunde Füße
schieben sich
über den Weg,
schleppend
mit letzter Kraft.

Zittrige Hände
halten
das kleine Bündel,
seufzend,
voll der Wehmut.

Ängstliches Herz,
gewürgt
vom grausamen Kriegsgeheul,
erfleht
deine offene Hand.

Einfach Leben – mehr nicht.

# notwendig
### — kerstin gramelsberger

Der Himmel in unschuldig strahlendem Blau,
Die Sonne stiehlt ihm die unschuldige Schau:

Zeigt zerfetzte Gebeine, verspritztes Gehirn,
Zeigt blutige Pfützen und schwarzes Gewürm.
Zertrümmerte Knochen, zertrümmertes Haus,
Zertrümmerte Leben, wir müssen hier raus.

Vorbei die Vertrautheit, das wohlige Heim,
Zerschlagen von Schüssen und totem Gebein.
Ich will noch nicht sterben, ich kann nichts dafür.
Was soll ich denn büßen für das Elend vor mir?

Ich will nicht verlassen, wo ich bin geboren,
Doch nun muss ich fort, hab alles verloren.
Das Verlassen der Heimat ist Strafe genug.
Meine Seele bleibt hier, ist das nicht Betrug?

Mein Schmerz und die Trauer, sie brennen sich ein,
Doch ich will ein Leben, ein sicheres Heim.
Die Hoffnung lässt alle Strapazen zerschmelzen,
Die Hoffnung, dass andere verstehen und helfen.

Es gibt keine Wahl zwischen Leben und Tod.
Das Recht auf (m)ein Leben ist höchstes Gebot.
Auch ich bin nur Mensch, der fühlt und der denkt,
Der genauso wie du an sein Leben sich hängt.

Und dank´ wem auch immer für das Glück das du hast,
Dass nicht du bist wo ich bin und trägst meine Last.

## **liebe heimat** (Songtext)

### — eazy taoba

Liebe Heimat, ich reise los,
nicht weil ich will, sondern weil ich muss.
Das Ganze weder *first class* noch mit dem Bus,
unter Druck mit dem Nötigsten und zu Fuß.

Bin so sauer, die Trauer schmeckt bitter.
Tränen der Wut, Tränen der Angst – ich zitter'!
Auf der Flucht, wie ein Krimineller,
der Schrei der Sirenen wurde immer greller.

Exil ins Unbekannte.
Hinterlass' viele liebe Bekannte,
ein großes Stück Seele…
Klar wirst du fehlen!

Keiner verlässt seine Heimat freiwillig,
vertraut und chillig!
Wie ne Gebärmutter gabst du Geborgenheit,
jetzt machen sich Sorgen breit…

Das Zwitschern der Kugeln hat die Vögel ersetzt!
Ich muss los und zwar jetzt…

> Liebe Heimat, ich reise los,
> nicht weil ich will, sondern weil ich muss.

Eine gefährliche Reise steht bevor…
Die Wüste, das Meer und die Berge davor.
Unterwegs lauert der Tod,
aber schon viel zu lange dauert die Not.

Deine Luft wird immer dünner, wie Magersucht.
Klar, dass der Instinkt Auswege sucht.
Deine Städte wie frisch besucht von Tornados.
Überall zu sehen, die Desperados.

Sie kamen mit dem Willen
zu befreien, aber killen,
deine neuen Verehrer,
die auf deine Ressourcen stehen.
Und all die strategischen Vorteile
zwingen die Menschen dazu, sich in die Welt zu verteilen.

Völlig verändert – dein Himmel regnet Bomben,
deine Gassen sehen aus wie Katakomben.
Ja, du wurdest um deine Pracht gebracht!

Hat kein Zweck, muss weg – neue Horizonte…
Sag' allen, dass ich nicht bleiben konnte!

*Liebe Heimat, ich reise los,*
*nicht weil ich will, sondern weil ich muss.*

Ich zeig' dir den Rücken,
wie ein Verräter werd' ich mich drücken,
mein Glück woanders zusammen pflücken.

Keine Ahnung, ob ich jemals ankomme,
heißen die mich dort Willkommen?
Werd' ich an der Grenze gestoppt?
Find' ich neue Freunde, einen Job?
Lern' ich die Sprache?
Ob ich wie damals wieder lache?

Fragen sind nutzlos!
Muss los…

*Liebe Heimat, ich reise los,*
*nicht weil ich will, sondern weil ich muss.*

# WortGeschwemmt

Geflohen - Boote

kentern - Angst - Tod

Überlebenskampf

A

## flüchtlingsatem

— naahra

Noch klebt mir gelber Sand
an meinen dunklen Füßen
und in meiner Hand
liegt mein letztes Grüßen:
an mein geliebtes Land –
ich werde büßen...

Der Weg zum Schiff ist mein schwerster,
und dieser Abschied mein erster,
der mir den Atem nimmt,
der mich hilflos macht:
ich bin wie ein Kind –
mit angstvollem Flüchtlingsatem,
in stürmischem Meereswind,
in kalter Flüchtlingsnacht.

Und viel zu klein ist das Boot,
für all unsere Angst und die Not,
die wir mit schweren Gebärden
hinter uns schleppen, in Herden,
und so wie treibende Tiere im Fliehen
hinter dem Ersten herziehen,
der eine Richtung bestimmt.

Und unsere Richtung ist alt:
man hört noch der Vorfahren Schreie,

wie sie unter weißer Gewalt,
das Leben verloren, das freie.
Wie hinter den Meeren sie,
in weißem Land,
ihr Sklavenbrot aßen, aus ihrer Sklavenhand...

Und nun sind es die selben Meere,
die ich mit Angst überquere –
Doch hörten wir viel von der weißen Seele:
dass sie nun gut sei, und nur die Dinge noch wähle,
die nobel und wert sind
und dass sie nichts wirklich liebe,
mehr, als den Menschen und die Nächstenliebe.

Und noch auf Wasser, seh'n wir schon Land
und langsam hebt meine magere Hand
sich zu einem neuen Grüßen.
Doch, meine Seele, du hast gewusst,
dass du für meine Hoffnung büßen musst,
dass vor weißen Ufern ich angstvoll versinke
und dass am Ende, da ich ertrinke,
ich bitter erkenne was du lang schon erkannt:

Weißer Reichtum wächst aus schwarzer Hand.
Sie verschließen das Land.
Ich hab sie verkannt!
Hilfe, ich sinke!
Oh, Bruderland,
schau doch, wie vor deiner Wand
unsere Hoffnung uns tötet –
schau wie, mit Sklavenhand,
wir ein letztes Mal grüßen:
Lebt wohl!, denn ihr lebt,
Lebt wohl!, denn ihr lebt,
Ihr lebt – und wir büßen…

*(Im Gedenken an das Flüchtlingsunglück*
*am 19. April 2015, vor der libyschen Küste)*

## geflohen
— jutta v. ochsenstein

ein abgebrochenes stück land
ich kauere blausteinern
möwen schreien landeinwärts

schmerz geht durch sand
muschelsplitter schimmern
ich weite das meer

treibholz strandet
die haut greift mich fester
schiffsrufe künden von nichts

# niemandsland
## — cornelia arbaoui

Menschen leben im Niemandsland,
als hätte es ihr Sein nie gegeben.
Herzen wurden grausam verbrannt
und nur Asche wird sich erheben.

Sag nicht, es ist nun mal Schicksal,
alle Kreatur auf Erden muss leiden.
Nein, wir sind der Grund der Qual
und das Unrecht ließe sich meiden.

So Viele verweilen in der Totenwelt,
als wären sie nie auf Erden geboren.
Ein einsames Herz, das leise zerfällt
in des Grabes verschlossenen Toren.

Ein Totenschiff trägt Seelen so weit
und gleitet dahin auf endloser Bahn.
Enthoben in das Reich der Ewigkeit
und still entfloh'n dem Weltenwahn.

Sag nicht, alles ist nun vergangen,
was Evolution vor Zeiten erschuf.
Menschenleid wird ewig prangen
im weiten All als mahnender Ruf.

## wellengesang
— marina maggio

Hast mich mitgenommen,
auf einer Barke aus Zukunftsträumen.

Unsere Augen setzten Segel
Richtung Hoffnung.

Jetzt blickst du zurück und schickst
mir Herzenskränze auf die Reise.

Doch das Meer, lässt mich nimmer
mehr los…

# heimat
— peer de beer

Heimat
Heißt
Ich habe eine Wahl
Raum
Für
Liebe und Nähe
Sinn
Im
Täglichen Tun
Etwas
Das bleibt
Zurückbleibt
Heimatlos
Ertrunken
Im Meer

## ich bin shirin

— gabi m. auth

Ich bin Shirin.
Dass ist das Einzige, das ich weiß.
Vielleicht stimmt auch das nicht.
Vielleicht ist es falsch, wie alles andere.
Wie mein Leben?

Ich bin Shirin.
Sie sagen, sie haben mich
am Strand gefunden, aber
kann man einen Menschen finden
wie ein Stück Strandgut?

Ich bin Shirin.
Alles, woran ich mich erinnere,
ist dieser Name und die Farbe des Bootes,
in dem wir saßen, meine Umi und ich,
zusammen mit dreihundert anderen.

Ich bin Shirin
Das Meer brennt in den Augen.
Es schmeckt wie Tränen.
Umi kommt nicht mehr.
Es gibt nur noch mich.

## gebunden
— sigune schnabel

Meine Haut: ein Winterlandeplatz
dort unten am Steg.

Wenn der letzte Schimmer
rot ins Wasser sinkt,
wirfst du den Schicksalsfaden aus
und bindest ihn an einen Pflock.

Mit geschloss'nen Lidern
steigt mein Schmerz in deinen Schrei.
Er schwankt,
das Meer erzittert;

tosend schwemmt der Wind
ein Schweigen an,
das sich an meinem Atemzug
verhakt.

## über dunklen wassern
### — projekt wort:rausch

Ein Spiegel der Wirklichkeiten
über dunklen Wassern
bleibt

ein unsichtbarer Raum
Leerzeichen der Erinnerung
unbestimmte Klänge

hinter den Oberflächen
der Zeit

## sag mir
— i. kunath

Sag mir, was die Wellen reden,
wenn des Nachts die Flut erwacht.
Sag mir, wie die Menschen leben,
die vom Boote hergebracht.

Sag mir, was die Winde sprechen,
wenn des Nachts ein Boot im Meer,
an den Klippen will zerbrechen.
Mit den Wellen kam es her.

Sag mir, was die Menschen denken,
wenn des Nachts das Boot beschließt,
ihre Leben zu verschenken,
Träume in die Wellen gießt.

Sag mir, was die Klippen fragen,
die so vieles schon geseh'n.
Boote, die daran verzagen,
dass sie lautlos untergeh'n.

Glaub mir, könnten Wellen klagen,
niemand ginge noch hier her,
doch an schönen Sonnentagen
glitzern Klippen, Strand und Meer.

## erwartung
— ingo cesaro

aufgewühlte See
voller Angst holt er das Netz ein
erwartet wieder ertrunkene Flüchtlinge
mit untergegangenen Sätzen
auf den Lippen

wenn er die Augen öffnet
den spärlichen Fang sieht
nur zappelnde Fischleiber
und einen Oktopus mit drei Herzen

hört er die Ertrunkenen
von Hoffnung sprechen
lebend Europa zu erreichen
tief in seine Träume hinein
wiederholt
die untergegangenen Sätze
immer wieder

bis ihn seine eigene Stimme
aus dem Schlaf reißt
hält sich die Ohren zu
hört die Brandung
hört Klagen der ertrunkenen Flüchtlinge
in vielen Sprachen

und keiner macht sich die Mühe
wenigstens eine der Klagen
über die Gründe ihrer Flucht
in unsere Sprache
zu übersetzen.

## alima aus aleppo
— birgit gröger

Heiß! Es ist so heiß! Alimas Mund ist so trocken. Ihre aufgerissenen Lippen brennen, wenn sie ihren Mund öffnet. Sie mag nicht mehr sprechen. Die Zunge fühlt sich an, als ob sie am Gaumen klebt. Beim Schlucken spürt sie einen stechenden Schmerz im Rachen. Ihre dunklen halblangen Haare kleben an ihrem schweißnassen Hals.
Das Boot schwankt hin und her. Salziges Wasser spritzt in ihr von der Sonne gerötetes Gesicht. Alima weiß, dass sie das Meerwasser nicht trinken darf. Immer wieder wird sie von ihrer Mutter eindringlich davor gewarnt: „Egal, wie durstig du auch bist, das Meerwasser darfst du nicht trinken! Hast du das verstanden, Alima? Es macht dich krank!"
Seit Tagen hat Alima keinen Schluck Wasser mehr zu sich genommen. Es gibt kein Wasser mehr auf dem Boot. Sie schleckt mit der Zunge über ihre ausgetrocknete Oberlippe und schmeckt das Salz des Meeres.

Jemand rüttelt an ihren Schultern. „Alima, Alima wach auf!"
Sie ist so müde. Ihre Augen wollen sich nicht öffnen.
„Alima, du musst aufstehen! Es gibt Essen. Wir müssen uns anstellen!"
Ihre Mutter steht über ihr. Langsam kommt Alima zu sich. Sie sitzt nicht mehr im Boot. Es ist nicht mehr so

heiß. Es sind nicht mehr ganz so viele Menschen um sie herum.

Alima realisiert schlaftrunken, dass sie sich im Flüchtlingslager befindet. Sie hat geträumt. Immer wieder dieser schreckliche Traum von der furchtbaren Überfahrt im Boot, zusammengequetscht mit all den vielen Menschen, der unerträglichen Hitze, dem unglaublich starken Durst und der Ungewissheit jemals anzukommen, jemals wieder Land zu sehen, jemals wieder festen Boden unter den Füßen zu spüren, jemals wieder frisches Wasser trinken zu können...

Doch jetzt ist sie in Sicherheit. Jetzt befindet sie sich in einem sogenannten Auffanglager in Deutschland, einem Land mitten in Europa. Ein Land, in dem Alima niemanden kennt, keine Freunde hat und die Sprache der fremden Menschen nicht versteht. Sie und viele andere Menschen, die Alima noch nie in ihrem Leben gesehen hat. Jeden Tag kommen neue Menschen hinzu. Viele von ihnen sprechen zwar wie sie, aber dennoch sind sie ihr fremd.

Alle warten hier, so wie Alima und ihre Mutter. Doch worauf, das weiß Alima nicht so genau. Sie weiß nur eines, dass sie in Sicherheit ist, dass sie nicht mehr Wind und Wetter ausgesetzt ist, in einem kleinen Schlauchboot mit viel zu vielen Menschen. Sie hat endlich wieder ein Dach über dem Kopf, wenn es auch nur ein Zeltdach ist.

# wellengeschlagen
— ella corinth

Das Nasse, die Körper,
Kälte in den Bahnen.
Fremde Vögel,
die über Raupen ziehen.
Ich hab dir gesagt,
sieh niemanden an.

Es kommt ein Schiff geladen,
bis an mein nächstes Wort
und mit hohler Geduld,
Stunde um Stunde
wellengeschlagen.

Da lachst du glockenhell,
ich liebe es an dir,
ich verbiet dir den Mund
und finde, dein Kindsein
ist sterblich.

Die Rettung, die nächste,
bis an den Horizont,
der Ketten tragen soll:
Wir fühlen so viel,
als wär unser Blut
eckig und scharf.

Ich will nicht,
wohin ich muss
und kann nicht,
wohin es mich zieht.
Da halt ich dich fester
und sag zu dir: Sieh.

## adschib

— anke wogersien

Angenommen,
ein Geschichtenerzähler wär' ich
und böte der Angst meine Stirn,
ein Bettelmönch der Liebe wär' ich,
ein Überbringer der Liebe
für hoffnungslose Herzen.
Ich jedoch sehe grausame Bilder
und weine über mein Land.

Meine Augen weilen in Blicken,
um nicht ins Elend zu sinken.
Ich sehe Kinder mit ihren Gesichtern
die Finsternis erhellen.
Ich höre sie lachen,
bin voller Zuversicht.
Sie singen ein Trauerlied
und schweigsam wird mein Mund.

Ich sehe Spuren an verlass'ner Stätte
Hand in Hand,
Schulter an Schulter,
bin ich ein Haus voller Frieden.
In meiner Mitte steht ein Brunnen,
dessen Wasser wegspült alle Leiden
und Blumen duften,
Kamille, Rose, Levkoje und Myrte.
Im wolkenlosen Blau

bin ich Endloser,
werde ein sanfter Wind,
flüstere einen Liebesruf,
fange alle Flüche ab,
werde voller Schönheit,
werde eins.
Seite an Seite
gieße ich meine Tränen aus
in einem Meer von Tausend
strebe ich nach Asyl.

## auf dem wasser zu singen

— nora b. hagen

haben wir dich, mich
uns alle verloren
in gefräßigen wellenschlündern,
aufgerissenen gischtzähnen
dem blau, erschreckend landlos, ewig
von nichtmehr nach irgendwo
den dingen, die wir nicht wissen
können | wollen
rastlos im niemandsmeer
dazwischen
hastige grüße,
funksprüche im windüberflug,
weiter,
jeder atemzug
ein ruderschlag, ein schritt,
ein vielleicht gültiges
aufenthaltsticketpapier
zum irgendwas
finden, wieder...
... neu...

bleiben, vielleicht

## das meer

— hilke anna berndsen

Das Meer rauscht
diesmal beruhigt es mich nicht
es macht Angst
und schnürt die Luft ab
Das Boot ächzt unter der Masse
in der ich mich kaum mehr erkennen kann
und das Meer pocht
an die Wände
an die Seele
ich bin nicht mehr sicher
wo das Meer endet
und der Hunger beginnt
das Meer brüllt an gegen die schreienden Kinder
die sterbenden Körper
die Wellen beben im Takt
doch das Meer spürt nichts
es ist nur da
und trägt mich in eine Welt
die hoffentlich besser ist

# die olfaktorische flucht

— manuel bianchi

Das alte Land
mit seinem Geruch von
Pulverdampf,
verbranntem Fleisch
und Tränen.

Das Boot,
es riecht nach
Maschinenöl,
Metall
und Mensch.

Das Meer
verströmt sein Aroma von
Seetang,
Fisch
und Salz.

Die Fremden in Uniform,
und ihr Bouquet aus
Plastik,
Seife
und Kaffee.

Doch das neue Land
reizt mit dem Duft der
Erde,
klarer Luft
und Freiheit.

## weltschämen
— neslihan kanbur

Das Meer – die einzige Hoffnung der
Flucht
ist ausgelöst
durch kriegserzeugter
Furcht

In die Augen blicken, dem Tod
zitternd, verbittert
im bedrohlichen Hoffnungsboot
zeigt der Hilfealarm höchste Not
der notgedrungene Kampf
um ein friedliches Stück Brot

Bis das blinde Europa-Auge sieht
bis das taube Human-Ohr hört
verfärbt sich das Meeresblau

tiefrot.

Ohne Krieg, ohne Schlacht
aus übersehener Not

## totenmeer

— dagmar finger

Kalt ist der Tod in dieser Nacht,
vor Niemandem wird halt gemacht.
Er nimmt sie in sein dunkles Reich,
ob jung, ob alt, ihm ist das gleich.

Er sucht sie aus, dann wenn sie flieh'n.
Wer ihm gefällt, darf mit ihm geh'n.
Die Beute, ja das freut ihn sehr.
Es ist ja voll, das Mittelmeer.

Das Meer es wird zum Totengrab,
Weil mehr als eine Hoffnung starb.
Sie wollten nur gerettet werden
und nicht im Krieg der Großen sterben.

Ans Land werden sie nun gespült,
die einst im Sande noch gespielt.
Es gibt kein Kind zum Lachen mehr
Und Kinderschuhe bleiben leer.

Sie werden niemals Land betreten.
Wir können nur noch weinen, beten.
Mit jedem Kind, das sinnlos stirbt,
Auch einer der verdienen wird.

Den roten Mohn für jedes Leben,
Will ich dem Tode heute geben.
Rot wie das Blut, das kalt geworden,
Weil Menschen wieder Menschen morden.

# todesangst erzwingt den weg

— jens junk

Schwarzes Mittelmeer
im Dunkeln gestrandet
ein Kind liegt reglos


Altes Boot
dümpelt antriebslos
keine Schreie mehr


Der Wind zerrt
an bunten Stofffetzen
Stacheldraht blitzt

# die nacht
— sandy seeber

Spielendes Lachen vergeht
heller Klang im Glockenturm
Federn im Himmel verfärben
blutrot beginnt die Nacht

Plätscherndes Rauschen entführt
tiefes Nass im Mittelmeer
Sterne im Himmel erscheinen
goldgelb funkelt die Nacht

Kämpfendes Hoffen ertrinkt
feiner Sand am Urlaubsstrand
Wolken im Himmel entdecken
totschwarz endet die Nacht

## strandgut

— marion von vlahovits

Sommer 2015

Ein kleiner Junge am Strand...
angespült
wie Strandgut
leblos und klein
liegt er dort
wo andere
Urlaub machen
und lachen.
Ein kleines Kind
auf der Flucht
vor der Gewalt
und dem Elend
in seiner Heimat
auf der Suche
nach einem besseren
sicheren Leben
gestrandet
vor den Augen derer
die auf der Flucht sind
vor dem Alltag
in einer Welt
von der
dieser kleine Junge
nur träumen konnte.

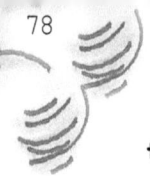

## tränen der flucht

— willie benzen

Das Meer schmeckt nach Tränen
geweint von zahllosen Kindern
in der Stunde ihres Todes

Angeschwemmt verstorbene Babys
an der Küste Hellas
Verkrampft vor Erschöpfung

Bilder genossen bei Chipsgenuss
Die Tagesschau zeigt brutal
Die Realität

# flüchtlingswelle

— steffen trummer

Als ich an des Meeres Strande trat,
sah ich des Nachts ein kleines Blinken.
Ich ahnte nicht, welch' Unglück naht,
hörte nicht Schreie, nicht Boote sinken,
nicht die Menschlichkeit im Geld ertrinken.

In der leisen Trauerwelle,
welche floss über Europas Zehen,
in der Angst, ihrer Quelle,
schrie in mir ihr lautes Flehen,
während die Waffen ostwärts wehen.

Des Mondes sanftes Wasserflimmern,
beschien ein kleines Herz so lind.
Ich sah es in der Ferne schimmern,
näher kommen, es stumm, ich blind.
Es ward schon tot, ein flüchtig' Kind.

Hier, wo wir in Wohlstand baden,
traf er mich, des Krieges Schlag.
Zwischen deutschen Hasstiraden,
steigt empor, was ich euch sag':
dort fern des Kindes Friedens lag
ein Mensch.
Ein Mensch.

## weißt du
— heike kreitschmann

Bäume in meinem Garten
Herbst spinnt Fäden aus Licht
in ihnen gelbrote Äpfel
sie zeigen ihr reifes Gesicht
fallen aus heiterem Himmel
in mein Leben hinein
Sonnenmond, Tage und Nächte
fluten Bilder ins Sein

Fluten in mein Leben hinein

Waren eben noch Schatten
stille Begleiter im Licht
springe und setze nun über
denn vergessen habe ich sie nicht
spiele am anderen Ufer
in einer Schleife aus Zeit
träum` mich in vertrautes Leben
mein Fluss fließt sanft und breit

Spiele in einer anderen Zeit

Sterne geboren im Nebel
in ihnen die Wahrheit entdeckt
über das Wunder des Lebens
und was in Pflanzen so steckt
still miteinander verbunden
bist auch du mit mir
du unter weißen Segeln
ich aber flüchte
im Jetzt und Hier
in einem Boot
Atemnot
Tod

## **mare tranquillitatis**
(Haiku Sequenz)

— eva limbach


Schiffbruch
nur eine Schattenlänge
entfernt

*login
breaking news
logout*

ungeschminkt
die 10000 Farben
des Meeres

Seelenverkäufer
all die Sterne am Himmel
den ich nicht kenne

Mare Nostrum
die Untiefen
in uns

Trotzige Kälte –
dem Wind
ein paar Tränen geschenkt

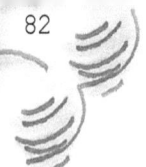

nach der Havarie
der sorgfältige Umgang
mit den Zahlen

mit bloßem Auge
nicht zu erkennen
Mare Tranquillitatis

Menschenfischer –
sie hätten Leichen
ins Meer zurück geworfen

ausgebrannt
am Ende
ein Stern

# TRIPTYCHON
— gnothiseauton

## 1 | geflutet

Fliehende,
Flüchtende, Fluchende
sind wir doch alle...
Die wir blicken
in
unsere eigenen Abgründe,
Krater der Verletzungen.
Nur sind wir frei
und können bleiben
und davonschwimmen,
entgegen schwimmen der
Angst Qualle.
Wir haben die Wahl
der Qual
Täglich.
Denn frei sind wir
unsere Wunden zu versorgen
unsere Narben zu betrachten
Und zu teilen
Miteinander.
Und auf wiedersehen zu sagen,
*So long.*
Nicht ertrinken wir
In dieser Lebens-Wogen-Flut.
Wie Ihr
die Ihr hoffentlich
ankommt.
Mitten unter
Uns.

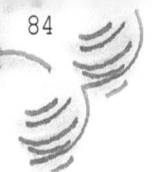

## 2 | gelandet

Gelandet an
unseren
standhaften Ufern
bewehrt mit Deichen
aus Angst-Schutt
haltlosen Wehren
unserer Haltungen
reißt Ihr Sie ein
die trügerischen Grenzen
unserer grenzenlosen Seelen
Länder.
Die Sirenengesänge
in euren Ohren
und Gliedern
singt sie uns.
Erzählt uns von
Skylla und Charibdis
von euren Zyklopen
wir wollen Odysseus ein Lied
singen
und heimkommen zu Nausikaa.
Niemand sind wir
Wie er.
Wie ihr.
Spielt uns auf
mit Schalmeien
ein neues
Lied
zur Umarmung.

## 3 | gebaut

Auf den Trümmern
unserer
eurer
Seelenfahrten
Mit den versammelten
Brocken
der Gründe
und dem zerstoßenen
zugestoßenen
neu gesammelten
versammelten
Rest
bauen wir sie zusammen noch einmal
unsere Lebensburg.
Trutzburg
Nicht.
Viel mehr
Schutzburg.
Hoffnung-Liebe-Trostburg
mit großen Öffnungen
Gewölben bis zum Himmel
so groß wie unsere Zuversicht
unsere Freude
unsere Zukunft
denn dann
schauen wir in den Abgrund
nicht zurück!
Ach, dann?
Nur dann!

# WortGrenzen

Flucht – Zäune

unüberwindbar – Angst

Tod – Ausgrenzung

A

# der bleistift als waffe

— carina blumenroth

Ich kämpfe mit Bleistift
gegen Waffen an.
Weiß selbst, dass ich nicht gewinnen kann.

Aber vielleicht kann ich Dich mitnehmen
und Dir zeigen, was ich seh':

Ich sehe Menschen hinter verschiedenen Sprachen,
Freunde mit anderen Sachen
und mit ner Million' Gedankenfarben,

die Ihr ungesehen, blind wegsprengt.
Und ich steh' daneben –
starr, sprachlos, hilflos wie ein Kind.

Dabei bin ich doch erwachsen!
Ich müsste verstehen!
Doch der Sinn ist mir schleierhaft

und ihr feiert das.
Feiert Euch und Eure scheinbar starke Macht.

Aber was ihr macht,
das kann ich nicht verstehen.
Reißt Kinder aus Familien,
Brüder, Schwestern, Eltern
aus dem Leben.

Dringt in innerste Sicherheitsbunker,
die sich zu Hause nennen.
Bewirkt, dass Menschen
kein Vertrauen mehr kennen.

Kein Heim zu haben,
stell Dir das mal vor...!

Aber ich kämpfe ja nur mit Bleistift
und habe nichts Festes in der Hand.

## klare zeichen
— brigitta huemer

und
dieses
dich entziehen
ist es nicht klares zeichen
ein alleszeigender pfad der ohnmacht
das schweigen spricht und spricht
und ohne wort noch
steige ich hinab
hinunter
zu dir
und
ins einende
der nützlichen verkehrung
in den tröstlichen raum falscher gewissheit
hochmütiges verstocken in gestundeter zeit
hinweise fehlender courage
und leiser, leiser ängste
fataler trugschluss
ein quäntchen
atem unter
schutt &
asche.

## sag: wie viel kostet ein leben?

— annika oltmanns

Was bleibt, wenn das Zuhause fehlt?
Viel verloren und
Nichts gewonnen.
Was bleibt, wenn die Sprache fehlt?
Ungehört und
Nicht verstanden.
Was bleibt, wenn man am Ende ist?
Angekommen und
Doch nicht ganz.
Was bleibt, wenn die Menschlichkeit fehlt?
Grenzen zu und
Kein Willkommen.
Und sag:
Was bleibt, wenn nichts mehr bleibt?
Wie viel kostet ein Leben?

## gestrandet(e gesellschaft)
### — michael pilath

Ohrenbetäubende Stille,
selbst das Meer schweigt schrill,
perverse Eruptionen menschlichen Geistes,
die psychotische Gesellschaft
der aufgeklärten, vernetzten,
allwissenden Moderne
sieht von Krieg und Armut,
aus Chaos Flüchtenden
nur Pixel von toten Kindern,
massakrierten Müttern,
zerstörten Vätern.

Lässt sich zu bester
Abendunterhaltungszeit digital informieren,
sieht den Strand,
hochauflösend, Betroffenheit gerierend;
riecht nicht den Strand,
das salzig, sandige Gebet des Todes;
spürt nicht den Strand,
die schmerzende Nässe plätschernder Wellen;
hört nur den Strand,
ohrenbetäubende Stille
und auch das Meer schweigt still

# verlesung der anklage

— harald kappel

Bevor Ihr das Gedicht betretet,
werde ich in meiner verlegenen Seele
die Leere Eurer verschämten Gedanken sehen,
mit denen Ihr das verbotene Gras missbraucht;
wie totgeschminkte Schauspieler
die Bühnen peinlicher Gefühle.
Neuland ist Euch fremd,
grün und saftig duftend zwar,
wächst es in verstörend, falschem Anderssein.
Könnt Ihr es hören?
Wo lebt Ihr,
wenn der Tod die Melodie der Ferne verschlingt
und Euer Zimmer im rosaroten Meer versinkt,
wenn Ihr den Blutbecher leert,
empört das Eisen schmeckt
und Katzenvögel Euren Kuss schlürfen,
den Ihr geträumt habt,
dann macht Euch das beklommen,
nicht wahr?
Wo lebt Ihr,
wenn die Welt zum schweigenden Esel wird,
der das Feld traurig beackert,
das Ihr, ja Ihr, unbekümmert erntet?
Wo lebt Ihr
und wo leben die Anderen?
Wo lasst Ihr sie leben?
Wo sollen sie sterben?
In welchen kalten Armen,
in welchen durchnässten Betten
gebt Ihr ihnen inneres Asyl,
wenn nicht in Eurem warmen Zimmer,

in Eurem schlauen Kopf,
wo dann?
Warum seid Ihr betroffen,
fassungslos, fremdgedrückt
an Eurer üppigen Tafel?
Schaut überlegen
und lebt kleinlaut
in den fertigen Tag hinein.
Verfluchtes Jahrhundert,
egomanisch, verdreht,
gesanglos,
ausgehängte Menschheit
in Selbstzufriedenheit verblendet.
Das Kreuz im Genick,
wo es nicht beim Schlemmen stört,
und die Kloaken mit Austern füllt.
Rasender Wahn von Glückseligkeit
und wo
sollen die Anderen, die Fernen, die Fremden
glücklich sein?
Wo?
Hinter welchem Zaun?
In welchen Schützengraben
werden sie fallen?
Und wir
mit Ihnen
und dann müsst Ihr sagen:
Oh, meine Schuld,
Verzeihung.
Und Niemand verzeiht,
da Alle sich in Allen spiegeln
und Keiner sich in Keinem erkennt.
Ihr Armen,
Ihr Betretenen.

# grenzen-los
— susann kraft

Ein Flüchtling kam ins Grenzgebiet
und sprach: „Es kann nicht schaden,
wenn man sich vorsichtshalb' mal kniet,
der Zaun scheint sehr geladen."

Der Grenzzaun blieb zunächst mal stumm,
dann straffte er sein Mütchen
und schaute sich zum Flüchtling um.
Der lüpfte gleich sein Hütchen

zum Gruß und auch aus Ehrfurcht wohl,
– der Zaun war europäisch –
der Flüchtling eher Gegenpol,
ganz dürr und syrinäisch.

„Was soll's..." sprach laut der Grenzen-Zaun,
„Du bist mir heut willkommen.
Bei all dem politäten Grau'n
bin ich noch ganz benommen.

Ich brauch' hier dringend mal ein Wort
des Zuspruchs, setz dich nieder!
Erzähl' doch mal vom Heimatort,
wann siehst du ihn denn wieder?"

Der Flüchtling neigte still das Haupt,
die müden Augen tränten:
„Nun denn, dann ist's mir wohl erlaubt..."
Und Zaun und Flüchtling lehnten

sich Herz an Herz zur trauten Ruh'.
Der Grenztrupp fand die Beiden
verglüht im fremden ‚Du und Du'.

Europas altes Leiden...

# grenz ; erfahrung
### — patrick hattenberg

Nur diese Grenzen. Sie erscheinen groß
und unmöglich sind sie zu überschreiten.
Ein Schritt ist ein Versuch, ist hoffnungslos.
Voll Furcht. Und überall nur Schwierigkeiten.

Nur eure Grenze. Sie betäubt den Fuß,
schon vor dem ersten Schritt. Wir wollen Gäste
sein. Beide Seiten winken. Wir zum Gruß.
Und ihr nicht als Willkommens-, sondern Abschiedsgeste.

Nur meine Grenze. Auffanglagerkopf.
Gedanken müssen erst gesammelt werden.
An dieser Grenze hilft nur Willenskraft.
Denn Grenzen gibt es nicht allein auf Karten.

Nur Grenzen. Auf der Karte. In dem Hirn.
Die Eingrenzung bedingt Abgrenzung.
Auf enge Straßen folgt die enge Stirn.
In Atemnot im Atemzug um Zug.

Nur diese Grenzen. Wir alle sind ein Volk
und nichts wär' mehr unmöglich. Selbst das Schreiten
ist nur ein Schritt, Versuch. Und ein Erfolg.
Die Arme fangen an, sich auszuweiten.

# die luftaufnahme meines herzens

— hubert hoszowski

Die Luftaufnahme meines Herzens zeigt,
irgendwo zerbombte Lebensräume,
die Schreie der Kinder sieht man nicht,
auch nicht zerplatzte Lebensträume.

Ein paar Fetzen Menschenrecht
im Stacheldraht noch weh'n.
Der Schrei nach Menschenwürde,
blieb auch am Grenzzaun steh'n.

Die Luftaufnahme meines Herzens zeigt,
ein Reich in sattem Wohlstand.
Die hartherzige Angst sieht man nicht,
auch nicht den gelähmten Verstand.

Ein paar Fetzen Menschlichkeit
sind am Horizont zu seh'n.
Den Kriegswirren Entronnene,
können die Welt nicht mehr versteh'n.

# eine frage der sicherheit

— daniel mylow

Mal meinem Schatten
Flügel in den Sand
erzähl mir von Afrika
bis dein Blick
an den Wellen bricht
und dem kalten Laub gleich
zwischen Stacheldraht und Wachposten
erstarrt

Die Dämmerung
ist ein dünner Rauch in Europa
Schiff um Schiff
ziehen wir hinterher
Schiff um Schiff
zerbricht an den Felsen
Grab um Grab
wächst Europas namenlose Küstenlinie

Wir warten vor Europas Festung
wie Papier
von Wasser durchtränkt
auf der Durchreise nach Nirgendwo
Flüchtlinge im Leben
und im Tod
unsere Abschiebung sei nur
eine Frage der Sicherheit

# tod der falschen toleranz!
— peter jüriens (PMJJ)

Bläulich-grau sind die Wasser des Mittelmeers
und am Ufer liegen die Toten.
Das kümmert wegen des Fremdenverkehrs,
sonst kümmern, heißt: Schleppen verboten.

Die Grenzen, so hart und so grau und so kalt.
Diese Frontexler kann nix erweichen.
Lebendig nach Deutschland schafft man´s nicht so bald,
aber wenigstens kommen die Leichen.

Am Kanzleramt werden Scheingräber gesetzt,
finster sieht's die Elite vom Fenster.
Da wird die Scheißscheinmoral sauber zerfetzt,
auf dem Rasen: der toten Gespenster.

Wenn ein Zaun fällt, weil das die Menschen so woll'n,
ist ein erster Schritt da, der nervös macht.
Die nämlich, die woll'n, dass wir tun, was wir soll'n
und für die sowas böses Getös' macht.

Und mit dem ersten Schritt, kommen Dinge in Gang
und es werden Worthülsen gedrechselt –
aber hohl und frivol bleibt ihr blecherner Klang,
dieser Dreckskurs gehört halt gewechselt.

Dass es weiter so schlecht bleibt, will nur, wen das nährt,
was zehntausend Andere vernichtet.
Ergo: Dreckspack, um das man sich besser nicht schert,
wenn den Blick man nach vorne richtet.

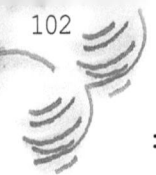

# flucht aus aleppo
— peter h. carlan

Das Leben ging fort aus Aleppo. Unter den Trümmern
der Häuser begraben liegt
Dein Lächeln,
Suleika.

Zwischen den Mauerresten wohnt nun die Leere,
hinter geborstenem Glas das
Schweigen der Welt.

Auch Du bist gegangen, zwischen Mutter und Vater,
Hand in Hand in Hand,
barfuß auf steinigen Straßen

bis an die Zäune Europas,
wo Stacheldraht
um fremde Herzen rankt.

## rara avis
— nico feiden

Spürst du nicht das Leben?
Am stillen Morgen,
wenn im Strahl der Sonne
Dächer, Flüsse, Menschen
leuchten...
Wir sind umgeben von
unendlicher Schönheit
& hin zur Hoffnung führt
uns der Schatten,
der uns durch die Nächte folgt,
jenseits der Meere,
wo Menschen auf der Suche
nach Zukunft scheitern.
Wir scheitern!

Es gibt keine Grenzen,
alles ist verbunden,
alle sind wir EINS
& ein schreckliches Geheul
aus Schmerzen zieht
durch mein Gewissen,
denn wir wissen, was wir tun
& aus Gier geht Blut hervor,
bis der Frieden kommt,
wenn Gleichheit ruft
im gebrochenen Licht
der Moral...

Rara avis
Vogel der Weisheit,
unbewegt & müde
zwischen den Kontinenten,
über verlorenen Meeren
zittern deine Schwingen.
Spann noch einmal deine Flügel
& führe uns zur Menschlichkeit...

## fremde – fast überall
— arno reis

er umrundete die meridianlinien
wurde begrüßt als fremder
nahm einen fremden mit und sie

überflogen weitere linien widerwillig
wurden sie empfangen
als fremde nahmen sie noch mehr
gefremdete freunde mit und landeten
nach allen irrfremdfährnissen
hinter gestachelten kulturgütern

sie schützten sich auf ihren meridianen
vor seinen fremden fremden mit klingengedrahteten
großkreisen von zenit zu nadir und
vedunkelten monde
und sonnen

manche riefen
verbiegt
die ideale linie jetzt
der kosmos muß schrumpfen
nur wir sind
der mittelpunkt

wo sind wir?

## samira, 41
— dirk juschkat

Die Frau, sie hockt in einem Zelt,
am Rande einer fremden Welt,
weiß nicht, für wen sie leben soll,
und ihre Stimme schweigt in Moll.

Ganz plötzlich war er da, der Krieg,
die Propaganda schrie zum Sieg,
ihr Mann, der fiel im ersten Jahr,
als er noch Ziel der Bomben war.

Die Kinder hielt sie stets am Haus,
dann fielen Strom und Wasser aus,
Sirenen warnten Nacht und Tag
vor den Granaten, Schlag auf Schlag.

Im Kellerdunkel ein Gebet,
wie jeder zu dem Gotte fleht,
der viel zu viele Namen hat –
der Feind lag draußen vor der Stadt.

Als alle gingen, ging auch sie,
sie fuhren, wanderten wie Vieh,
ihr Ziel war Glaube und Vision –
und doch zu spät für ihren Sohn.

Die Zeit schien endlos lang zu sein,
da traf der Treck im Lager ein,
ein Meer von Menschen ohne Kraft –
die Tochter hat es nicht geschafft.

So hockt die Frau allein im Zelt,
am Rande einer fremden Welt,
die Sonne färbt den Himmel rot –
gebt Namen Zahlen: tot bleibt tot.

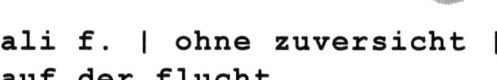

## ali f. | ohne zuversicht | auf der flucht

— werner tiltz

Ich komme aus dem Morgenland
und heiße Ali F.
Ich suche eine Freundeshand
und einen guten Chef.

Ich habe nichts und habe doch
studiert bei mir zu Haus.
Ich schlief in einem Kellerloch,
doch dieses brannte aus.

Ich lebte ständig in Gefahr,
denn Freund und Feind war'n gleich.
Ich schlug mich durch, ein halbes Jahr,
zu euch, oft tränenreich.

Ich bin nun hier und leide Not
an Körper wie an Geist.
Seht mich als Mensch, nicht als Exot.
Ich fühle mich verwaist.

Ich komme aus dem Morgenland
und heiße Ali F.
Ich suche eine Freundeshand
und einen guten Chef!

# flüchtlinge
## — eva beylich

Eiskalt aus Fluten gerettet
in rosa Perspektiven gebettet
haltlos in Zufluchtsorte geworfen
voll schwebender Verfahren
heimatlos in Räume gewürfelt
voll begrüntem Mauergrau
hoffnungsvolle Blicke gesenkt
voll blauer Eiskristalle
heftige Erinnerung an
Gesunkene im Sturm
gekentert, abgeschoben
in volle Flüchtlingslager
gefüllt mit Hoffnungen
auf menschliches Dasein

## fluchtkörper
— guido martin wolf

fenster ohne landschaften dahinter
keine nachtsprache die ihnen bleibt
geburtshäuser puppenhäuser todeshäuser
fallen wie zinnsoldaten spielzeugklein
bitterböse spielkameraden marschieren vorbei
am auswurf den die liebe hinterlässt
in offenen feldern und händen
die beschämten worte: ich halte dich
für eine bessere welt

# wohlstand
— gerhard falk

Der Mensch braucht einen starken Staat,
weil er was zu verlieren hat.
Der Sicherheit gilt all sein Streben,
denn was er hat, das ist sein Leben.

Stetig den Wohlstand er vermehrt,
wer den nicht hat, der lebt verkehrt.
Das richt'ge Leben mit dem Geld
wird Vorbild für die ganze Welt.

Freiheit dient der Geldvermehrung
ist globalisierte Volksbelehrung.
And'res Denken ist veraltet.
Wer anders ist wird gleichgeschaltet.

So ziehen die Werte um die Welt,
die sich berechnen nur nach Geld.
Was ist ein Menschenleben wert,
das gegen solches aufbegehrt?

Der Wohlstand ist vergänglich,
Menschenwürde aber lebenslänglich.
Sicherheit braucht Hab und Gut,
Freiheit aber, die braucht Mut.

# willkommenskultur

— christel simon

Du magst Veränderung nicht?

Alles soll bleiben, wie es ist,
weil du gerade zufrieden bist?
Weil schließlich keiner auf dich schießt
und Willkür über dich ergießt.
Weil du dein Leben so genießt
und alles Fremde es „vermiest".

Kann es sein, dass du vergisst,
wie es für den Fremden ist,
der sein Heimatland verließ –
nicht weil man ihm Gold verhieß –
sondern Folter, Leid und Tod
es dort gab, statt täglich Brot?

Es ist nicht dein Sohn, den man fand,
ertrunken an des Vaters Hand.
Nicht deine Frau daniederliegt –
erniedrigt und gedemütigt.
Nicht deine Kinder mussten sehen,
was ihrer Mutter ist geschehen.

Doch du willst deine Ruhe nur
und fürchtest andere Kultur.
Und merkst bei aller Abwehr nicht,
was hier in Wahrheit aus dir spricht.
Drum wach jetzt auf und mache kehrt,
lass jedem Leben seinen Wert.

Komm!

Wir tragen mit an fremder Bürde
und wahren jedes Menschen Würde.

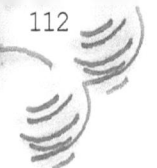

# im schneckenhaus

— hans - georg wigge

In einem kleinen Gartenstaat,
da lebte zwischen Kopfsalat,
im Schutze einer großen Hecke,
voll Wonne eine fette Schnecke.

Allein, von Pflanzen nur umgeben,
galt dem Genuss ihr ganzes Leben.
Sie nahm von allem nur das Beste
und hinterließ ein Beet voll Reste.

An einem wunderschönen Tag,
als faul sie in der Sonne lag,
kam in ihr kleines Königreich,
zwar andersfarbig, doch sonst gleich,

ein weiteres nettes Schneckentier,
mit Hunger und Salatgespür.
So ist das Leben wohl bisweilen,
wer Vieles hat, der sollte teilen.

Die Kunde von dem Wundergarten,
die lockte Schnecken aller Arten.
Es war genug für alle da,
doch Schnecke eins, die sah Gefahr.

Ihr ging es ab sofort ganz schlecht,
sie fand das Leben ungerecht,
doch war sie heut' wie gestern satt,
was sie vor Wut vergessen hat.

Ihr Leben schien ihr nun verdorben,
vor Selbstmitleid ist sie gestorben.
Auch Menschen geht es manchmal so,
nur Materielles macht sie froh.

Geht es mal einen Schritt zurück,
zerbricht ihr ganzes Lebensglück.
Das Fremde ängstigt manchen sehr
und er schwimmt mit im braunen Meer.

Wer reich an Herz ist und Verstand,
gibt Nächsten die gefüllte Hand
und jammert nicht, ob kleiner Gaben,
aus wohlgefüllten Honigwaben.

## wo hört die liebe auf?

— ursa anders

Hört sie auf
an den Grenzen
den Grenzen der Länder,
der Völker, die grenzen-los
sind in ihrer Abwehr,
die wehrhaft abwehren:
Bleibt doch, wo ihr seid
wo ihr Zuhause seid,
geht zurück (ins Verderben),
geht zurück (in den Tod)
denn...
unsere Welt ist klein
und sie schränkt uns ein
sie beschränkt,
JA, sie beschränkt uns
so sehr, dass wir selber
zu Beschränkten werden.

Wo fängt die Liebe an?

## man spricht

— birgit jennerjahn-hakenes

Man spricht von Unruhen
und meint Gewalt.
Man spricht von hilflosem Zusehenmüssen
und meint die eigene Unzulänglichkeit.
Man spricht, verspricht und
bricht sein Wort,
man meint und sagt,
verneint, versagt.
Gewaltiges Schweigen
schließt den Reigen.

## deutsches bild
— ben kretlow

wer ist er, der da steht
mit dem rücken zur wand
der sich windet und dreht
und verbirgt seine hand

wer ist er, den ihr seht
kein wort, das er spricht
zornige wut, die sie brüllen
in sein gesicht

schwarze träume
ein gewitter und rauch
knistern hinter seinem rücken
ein tritt in den bauch

wenn sie ihn jagen und treiben
sie versagen ihm sein recht
wenn hier ein haus in flammen:
ein deutsches bild in echt

# nachtgedanken

— michaela ferber

(Sehr frei nach Heinrich Heine)

Denk' ich an Deutschland in der Nacht,
Dann bin ich um den Schlaf gebracht,
Ich kann nicht mehr die Augen schließen,
Und meine heißen Tränen fließen.

Wo man Rassismus „Sorge" nennt,
Gezielten Hass als Angst verkennt,
Wo Dummheit „Mut zur Wahrheit" wird,
Ein Pass die Würde definiert,
Wo Hetze schon als Meinung zählt,
Das Argument zum Weltbild fehlt,
Wo Mitgefühl der Missgunst weicht,
Wo Fremdheit schon zum Feindsein reicht,

Wo man sich Selbstjustiz erlaubt,
Asyl der Sicherheit beraubt,
Wo Stein auf Heim zufrieden macht
– dort, liebes Deutschland, gute Nacht!

Was wie die Sonne dort versank,
Ist Menschlichkeit – im „Abendland".

# auf dem kaugummihügel

— sylvia sabrowski

Auf dem Kaugummihügel
in Schlaraffia
thronst du,
fett und satt und sicher.
Angstschweiß auf der Stirn,
heiße Luft entfährt deinem Mund.

Ja, „Sorgen" hast du –
um dich selbst.
Wirst zu einem Schlaraffisten
in unserer schönen Welt.

Zu kurz gekommen,
zu kurz gedacht.
Denkst gar nicht an Andere,
fühlst nicht das Andere.

Den Mund zu voll genommen,
spuckst du beim Reden.
Redest ohne zu denken.
Denkst nicht ohne zu spucken.

Was ist aus dir geworden,
mein Lieber?
Hast du den Mut verloren?
Kein Rückgrat mehr?
Hab keine Angst,
mein Lieber.
Wir schaffen das schon.
Mit dir oder ohne dich.

Schau einem Kind
aus dem Trümmerfeld
in die Augen
und sag: „Ich will dich
hier nicht."
Traust du dich?
Wagst du es?

Kaugummiblasen
entsteigen deinem Mund.
Heiße Luft
in zuckriger Hülle.
Mann, dir geht es
doch so gut.

Die Angst
lässt dich abwehren.
Der Neid
macht dich hässlich.
Der Hass
macht dich kalt.
Dreh dich doch
einfach weg.

Lies ein Buch
und streichle
deinen Hund.
Kaufe für deine Oma ein
und lass sie dir sagen,
was für ein guter
Junge du bist.

# inkongruenzen
— ninja jasmin scholz

Wie kann ich für dich sprechen?
*And you – and me*
Ich sitze auf dem guten Stuhl,
Du setzt dich auf den schlechten Stuhl.

*Look*,
Sagst du.
Ich sehe hin:
Dein Vater ist tot
Und du lachst.

Mein Vater ist tot
Und ich weine.
Deine Hand ist warm,
Meine Hand ist kalt

Wie kann ich für dich sprechen?
Sitz in der Bar
Und trink ein Bier.
Du bist neun Jahre alt.

*Hello*,
Sagst du
Am nächsten Tag,
Strahlst mich an,
Denn ich bin
NETT.

Wie kann ich für dich sprechen?
Hab heute vergessen zu essen
Vegetarisch.
Deine Mutter
Vegetiert dahin.

Mir bekommt die Eiscreme nicht,
Du bekommst die Eiscreme nicht.
Ich zeichne ein Haus
Und du lächelst.

*Bomb Bomb,*
Sagst du.
Shampoo?
Für Kinder haben wir
Buntstifte – aber wiederbringen!

*Bye bye,*
Sagst du,
Ich sage nichts.
Feierabend.
Diese Welt
Zerbricht.

# fliegen-massaker

— dominik w. peller

Seit Stunden dieses Summen,
grauenhaft, welch' Störung meiner Nachtruhe.
Am Fenster, sitzend, ein paar Fliegen.
Nutzloses Ungeziefer denke ich mir.
Der Griff zum Insektenspay!
Danach verlasse ich den Raum.

Nach Minuten höre ich ein Summen,
stolpere zur Zimmertür,
öffne Sie langsam,
schließe sie schnell.
Wie eine schwarze Giftwolke,
fliegen, summen und kämpfen die Fliegen
um ihr Leben.

Nach weiteren Minuten,
verstummt auch das letzte Summen.
Ich öffne die Tür und erblicke
ein wahres Massaker.
Holocaust oder Schoah, Völkermord
und ich der Diktator.

In Gedanken an die Kriege,
sehe ich auf die Fliegen
hinab. Denke an die
Gefallenen und die noch fallen
werden. Jedes Lebewesen
hat ein Recht auf sein Leben.

Das Recht, nicht nur
atmen, essen, trinken und
auf einer Pritsche zu schlafen.
Eingezwängt zwischen vielen,
in Turnhallen oder
eingepfercht auf Bahnhöfen.

Das Recht zu LEBEN.
Ohne Angst, ohne Hass,
in Liebe unter uns allen!
Teilnehmende der Gesellschaft,
mit uns allen. Ganz gleich
welche Hautfarben uns nuancieren!

# der junge am strand

— britta bendixen

Ein Bild schockt die Welt, zeigt ihr auf, wie sie tickt;
Wie sehr sie sich derzeit im Elend verstrickt.
Es zeigt uns, wie grausam sie ist, unsere Welt,
in der nur regiert das allmächtige Geld.

Dass Menschen versuchen, daran zu verdienen,
dass and're mit Qualen und Angst in den Mienen,
versuchen, ein neues Leben zu finden,
und dafür gar aus ihrer Heimat verschwinden,

das widert mich an, es entsetzt mich, schockiert,
weil die Menschlichkeit dadurch erheblich verliert.
Es bleibt nur die Fratze der Kälte und Gier.
Die Angst vor der Zukunft – sie brodelt in mir.

Denn immer noch leben in unserem Lande
Menschen, die nicht einmal am Herzensrande
ein Fünkchen Mitgefühl verspüren
und nur ihr eig'nes Süppchen rühren.

Das sind meist die, die schon lang vergaßen,
dass Deutsche vor langer Zeit Schuhsohlen aßen.
Sie nicht wussten wohin, ihr Land zerstört und besetzt.
Auch sie waren damals verzweifelt, verletzt.

Die Flüchtlinge fliehen vor Terror und Gewalt,
aus Ländern, in denen es kracht, splittert, knallt.
Wir sollten nicht aufhören, daran zu denken,
dann fällt's nicht so schwer, Mitgefühl zu verschenken.

Mein Dank, er gilt allen, die das bereits tun.
Die seit Wochen nicht rasten und nur selten ruh'n.
*Sie* sollten jetzt unsere Vorbilder sein,
und nicht die, die lauthals „Verschwindet hier!" schrei'n.

Das Bild des leblosen Aylan am Strand,
dies traurige Kind, zwischen Wasser und Sand,
es darf nie, niemals vergessen werden,
wenn wir uns den Frieden wünschen auf Erden.

Ein Bild schockt die Welt, zeigt ihr auf, wie sie tickt;
Wie sehr sie sich derzeit im Elend verstrickt.
Möge Aylan's Tod erkennen lassen,
dass Menschen lieben sollten und nicht hassen.

## stell dir vor...
— falk bräcklein

stell dir vor du musst gehen.
rennen.
fliehen.
du verlierst alles.
alles.

stell dir vor du stirbst.
nicht.
nicht im krieg.
nicht in der wüste.
nicht im meer.

stell dir vor jemand kommt.
der dich nicht versteht.
den du nicht verstehst.
der dir sagt: geh nach hause!
nach hause.

nach hause?

# erwacht... erwacht... erwacht

— angelika groß

erwacht erwacht erwacht

schaut was ihr Menschen habt gemacht
was bringt das für einen Sinn
alles und jedes geht dahin

erwacht erwacht erwacht

kleine Kinder umgebracht
alte Menschen sind gequält
Junge in den Krieg gezerrt

erwacht erwacht erwacht

was habt ihr mit der Welt gemacht
kein Baum bleibt bei euch stehen
jeder Fluss wird untergehen

erwacht erwacht erwacht

irgendwann wenn es zu spät
kommt die Rache aus der Welt
da hilft kein Jammern mehr

zu spät zu spät zu spät

## illusionär
— ulrike schmidt

Was helfen all die
großartigen Gesten,
wenn Waffen nicht
schweigen wollen.
Die Mauern wachsen,
stürzen durch Reden
nicht ein.

Worte wie
Freiheit,
Hoffnung,
Geborgenheit,
sind Illusionen,
zerredete Worte.

Sprachlos und kalt,
werden wir den
Schutzsuchenden
gegenüber stehen.
Und die Trauer in
ihren Augen übersehen...

# WortFetzen

Einsamkeit - Angst

haltlos - Trauer

fremd - Neue Heimat?

# wortfetzen
## — alexandra bergedick

Wortfetzen
Fliegen auf die Reise
Verwehen Gedanken
Fegen Buchstaben vor sich her
Drehen sich um sich selbst
Wirbeln Staub auf
Stürmen voran

Wortfetzen
Verdrehen was war
Reißen Löcher ins Dasein
Entstellen Deinen Namen
Entsilben Deine Wörter
Die Du sprachst als Du gingst
Verfliegen

Wortfetzen
Vergilben
Gehen in Rauch auf
Verdampfen

Wortfetzen
Vergessen
Verzeihen
Entwirren

Wortfetzen landen
Vor meinen Füßen
Vor meinem Herzen
Landen vor Mir

Wortfetzen
Zerfasern das Dickicht
Reihen sich aneinander
Kommen zur Ruhe
Betten sich nieder
Bilden Deinen Namen
Geben mir Worte

Wortfetzen
Können
Alles
sagen

# seelbrockenangststaub

— brian brazzil

auf kufen der furcht rast durch
nutzvertränkte gedankenämter
die dummheit, noch getarnt durch
unsere hohen zeitungsständer
voller
idiotieannahmen.

schaltet ein, wenn euer herz
beim blick eines verlorenen
eine andere Aufnahme sendet,
abspielt.

da sind viele brocken seele schon
abgebrochen und verweht
nicht mehr zu knüpfen, noch zu finden,

schlägt solche seele noch an eine härte
zerbricht sie und splitter
werden uns nicht spiegeln,
dich und mich,
unsre lebendigen gesichter.

## vorschlag
### — annelie kelch

Sterbend: ein Tag unterm Scherbenhimmel;
aus ihrem Albtraum erwachend: die Nacht.

Wir glauben zu führen und gleiten,
wir glauben zu leben und sterben.
Was führt deinen müden Schritt fort
von den Trümmerfeldern?

Bau ein Haus aus den Scherben!
Bring Mut und Zuversicht darin unter!

Wirf, wenn es sein muss – Worte!

# heimatloses herz
— greta ipfelkofer

Alleen
einer alten Heimat
laufende Motoren
kündigen den Herbst an
rote Äpfel
gegen den Welthunger
der nie gestillt
die lauen Winter überdauert
Ein Herz
will das nicht sehen
am eigenen Hunger zerfallen
wie Äpfel zertreten
von groben Stiefeln die nichts sehen
klebt es an einem groben Profil
fällt
und wird wieder und wieder zertreten
bis es eingestampft
in ein fest zu verschließendes Glas passt
dort die nächsten Jahre
bis zum nächsten Appetit
in dunklen Regalen kauert

## nacht über fremden himmel

— katrin jackson

Die Nacht hängt schwer am fremden Himmel,
hat selbst den Mond verschluckt.
Ich bin allein, allein in meinem Zimmer.
Kein herannahendes Inferno, keine endlosen Schreie,
keine todbringenden Salven, nicht mal ein bebendes Grollen.
Ich muss nicht rennen, mich nicht verstecken.
Muss nur so da liegen. Und hab doch Angst!

Die Nacht hängt schwer am fremden Himmel,
nicht ein Stern bringt Licht ins Dunkel.
Ich bin allein, allein in meinem Zimmer.
Kein hysterisches Lachen, kein schmerzhaftes Stöhnen,
kein krankhaftes Husten, nicht mal verzweifeltes Schluchzen.
Ich muss nicht trösten, nicht beschützen.
Muss nur ruhig atmen. Und hab doch Angst!

Die Nacht hängt schwer am fremden Himmel,
hat meinen Schlaf versteckt.
Diese Stille, fremd und bedrohlich.
Hat alles verzehrt und mit sich gerissen.
Den Weg frei gemacht, für die Bilder in meinem Kopf.
Ich kann nicht loslassen, kann nicht vergessen.
Ich bin allein und hab furchtbare Angst!

# die drei nächte der kalindi

— jörg krüger (dingefinder)

Als er in der Dämmerung des Morgens die Sichel des beginnenden Mondes wieder sah, schmal und zäh wie ein scharfes Laubblatt der Seggen auf den struppigen Wiesen, da wusste er um das Ende der drei Nächte der Kalindi, welche ihn an den Scheitelpunkt des Sommers führten. Groß stand die Sichel der Göttin über den in Dunst gekleideten Silhouetten der Höhen.

So schlug er zurück jene Decke aus wärmender Wolle, gefärbt in den Farben der Erde, und er richtete sich auf von der rauhen Schlafstätte. So stand er im taufeuchten Morgen und gedachte des ersten Tages, gedachte der ersten Nacht.

Der erste Tag auf dem Lager, des Sommers drückende Schwüle ringsum, so fremd ihm die Welt. Vielleicht war es ein Krankenlager, denn Schmerzen begleiteten ihn, Schmerzen in allem, was sein Inneres war. Kaum zu regen wagte er eines seiner Glieder, denn Schmerz war alles in ihm, und Lähmung. So tauchte er ein in die beginnende Nacht.

Es war Kalindi, die Nachtweberin, welche ihm die dunklen Träume eingab. Es waren die Träume vom grausamen Krieg, es waren die Träume von grausamer Folter, die dunklen Kommandos, deren Krieger Totenköpfe am Revers führen, die dunklen Kommandos, sie zogen durch seine Träume, und bleich die

verkrümmten Körper im aschfahlen Licht eines anderen Mondes, bleich all der Tod, welche die dunklen Kommandos hinter sich ließen. Und jede Folter traf den eigenen Körper, denn dieser war schutzlos in der dräuenden Nacht. Es gab keinen Ausweg, denn den Tod.

„Wer an Stelle der Todesmacht tötet, wird töten die eigene Seele", so flüsterte Kalindi, die Nachtweberin, in sein lauschendes Ohr. Und so endete auch diese Nacht, und so sang der schwarz gefiederte Morgenvogel sein Lied:

„Nun beginnt deine Zeit.
Sei Bewahrer des Lachens,
bewahre des Lebens Heiterkeit.

Und bedenke auch dies:
Es hat seine Gründe,
dass die Stadt dich verstieß."

Und er gedachte des zweiten Tages auf dem Lager, des Sommers drückende Schwüle ringsum, so fremd ihm die Welt. So ferne gerückt in den Schleiern des strömenden Regens. Drückender Dunst legte sich über sein Krankenlager, und die Schmerzen begleiteten ihn. Schwer lastete aller Schmerz auf ihm, regungslos sein Körper auf der Lagerstatt – „Schmerz, das macht, dir rückt die Welt ferne", klangen die Worte der Jugend in ihm. So tauchte er ein in die beginnende Nacht. Und es war seine zweite Nacht.

Es war Kalindi, die Nachtweberin, welche ihm die dunklen Träume eingab. Es waren die Träume vom

grausamen Krieg, in dessen Bomben die Körper von Kindern zerbarsten unter blutrotem Himmel der kreischenden Raketen, der donnernden Sprengungen, in denen die heimeligen Häuser zerfielen, in denen alle Heimstatt und Heimat verging. Währenddessen erstanden sie neu, die dunklen Kommandos, deren Krieger Totenköpfe am Revers führten, und die dunklen Kommandos, sie zogen durch seine Träume. Es gab keinen Ausweg, denn den Tod.

„Wer an Stelle der Todesmacht tötet, wird töten die eigene Seele", so flüsterte Kalindi, die Nachtweberin, in sein lauschendes Ohr. Und so endete auch diese Nacht, und so sang der grau gefiederte Morgenvogel sein Lied:

„Nun beginnt deine Zeit.
Sei Bewahrer des Herdes,
bewahre des Lebens Heiterkeit.

Und bedenke auch dies:
Es hat seine Gründe,
dass die Stadt dich verstieß."

Und so begann ein weiterer Tag auf dem Lager, und es war der dritte Tag, der begann. Und er wollte lesen in den Seiten der uralten Bücher, doch verschwommen die Zeilen vor seinen Augen und die Buchstaben begannen zu tanzen, und sie tanzten in die Nebel. Und sie tanzten in die Nacht, und es war seine dritte Nacht.

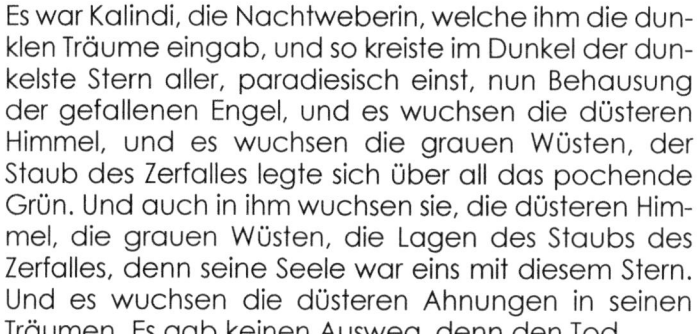

Es war Kalindi, die Nachtweberin, welche ihm die dunklen Träume eingab, und so kreiste im Dunkel der dunkelste Stern aller, paradiesisch einst, nun Behausung der gefallenen Engel, und es wuchsen die düsteren Himmel, und es wuchsen die grauen Wüsten, der Staub des Zerfalles legte sich über all das pochende Grün. Und auch in ihm wuchsen sie, die düsteren Himmel, die grauen Wüsten, die Lagen des Staubs des Zerfalles, denn seine Seele war eins mit diesem Stern. Und es wuchsen die düsteren Ahnungen in seinen Träumen. Es gab keinen Ausweg, denn den Tod.

„Wer an Stelle der Todesmacht tötet, wird töten die eigene Seele", so flüsterte Kalindi, die Nachtweberin, in sein lauschendes Ohr. Und so endete auch diese Nacht, und so sang der weiß gefiederte Morgenvogel sein Lied:

„Nun beginnt deine Zeit.
Sei Bewahrer der Gärten,
bewahre des Lebens Heiterkeit.

Und bedenke auch dies:
Es hat seine Gründe,
dass die Stadt dich verstieß."

Im Lichte der aufgehenden Sonne sah er: Die Brombeeren reiften heran.

# krise der poesie

— elke roob

Der Reim – verloren gegangen
zusammen mit der Familie und den Verwandten,
den Freunden und Nachbarn.

Die Metrik – verloren gegangen
zusammen mit der Musik und dem Gesang,
den Bräuchen und der Tradition.

Der Rhythmus – verloren gegangen
zusammen mit den Tänzen und dem Lachen,
dem aufrechten Gang und der Freude.

Die Metaphorik – verloren gegangen
zusammen mit der Muttersprache
und der Heimat, der geflohenen Heimat,

auf der Suche nach der Kunst,
der Kunst zu überleben.

## zwei steine
— dirk eickenhorst

du bist ein kind
nennst sie steinautos
unbeschwertes spiel
auf der treppe vorm haus

zwanzig jahre später
kommen die soldaten
geben deinem nachbarn den befehl
kämpfe für assad
er schüttelt den kopf
dann ist er tot

handy raus
frau anrufen
hol das kind müssen weg
rucksack, spielzeug, windeln, kleider
zwei steine
aus der schublade des schreibtischs.
sentimental
unverzichtbar

im boot auf see
all dein geld hast du gegeben
frau und kind
rucksack und zwei steine
stille männer
frauen beten
kinder weinen
land
jetzt leise

eine welle
das boot kippt
dreihundert speit es aus
zweihundertachtzig erreichen das land
du rucksack und zwei steine
frau und kind bleiben auf see

marschieren wie im wahn
trauer frisst dich auf
rucksack hast du fortgeworfen
zu schwer die erinnerung darin
du fühlst zwei steine in der hosentasche
auf dem herzen

erstaufnahmelager
münchen
ein blick auf die steine
zwei brocken heimat
steinautos
erinnerungen
alles was bleibt

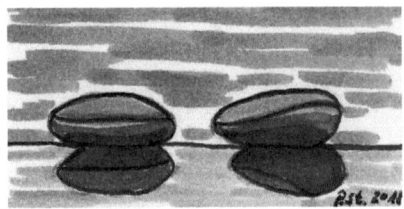

du schreibst ihre namen auf die steine
zahira
aras
ich bringe euch zurück
verzweifeltes versprechen

*refugees welcome* sagt die frau
verpiss dich du schmarotzer brüllt der mann
wieso nur junge männer fragt die alte
aber ein smartphone von wegen arm keift die glatze

zwei steine
heimat

## warten

— micha johannes aselwimmer

Mein junges Herz muss leben
Ach! Manchmal wär ich froh
Könnt' ich doch einfach schweben
Ich weiß ja irgendwo
Da wartet er auf mich

Bloß ein Strich, der uns noch trennt
Ein hoffnungsschwerer Schimmer
Und niemand, der mich kennt
Nur nächtliches Gewimmer
Wartet er auf mich?

Ich bräuchte keinen Cent
Ach! Nur mein altes Zimmer
Die Heimatstadt, sie brennt
In mir brennt's noch viel schlimmer
Wartet irgendwer auf mich?

Und schau ich in die Leute
Die sich nur schwer ertragen
Dann hör ich aus der Meute
Manch schwache Stimme klagen:

Mein steh'n gelass'nes Leben
Aus dem ich hastig floh
Werd ich mir nie vergeben
Ich weiß ja irgendwo
Da wartet es auf mich

Und schau ich in die Sterne
Mit meinen tausend Fragen
Dann hör ich aus der Ferne
Die traute Stimme sagen:

Mein kleiner großer Bruder
Sieh bitte nicht zurück
Du Seemann ohne Ruder
Schwimm' weiter Stück für Stück
Ich warte noch auf dich

## wellengang

— jennifer hilgert

Ich sitze an der frischen Luft
mit dir.
Neben uns plantschen Spatzen.
Es riecht nach Herbst und
alles färbt sich ordentlich.
Ich höre dir zu. Und frage nichts.

Du sprichst und laut verstummt
dein Wort, während du erzählst.
Du weinst und plötzlich färbt die
Sonne mich. Ertränkt mein flaschen-
grünes Meergesicht – verwandelt es
in Dunkelheit.

Du sagst, die Sonne hasste dich,
als sie verschwand im Urlaubskatalog.
Ich erschrak. Zwischen Wolken
liegen keine Welten. Wir sind
eins und ich verstehe trotzdem
nichts.

Die Wahrheit reißt tiefe Narben,
verdunkelt vag den Geist der Zeit.
Hinterlässt nichts als tote Fragen,
keine Zeichen. Nichts weiter mehr.
Ich höre Schüsse in der Ferne,
flüstere: Bitte bleib! und weine auch,

weil ich den Frieden kenne.
Du nicht mehr.

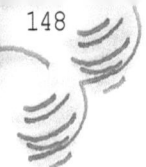

## einsam zwischen eisbergen

— dagmar scherf

(Chor der Kriegskinder)

Einsam wie Schiffe
zwischen Eisbergen
kreuzen wir
hilflos
durch eine
erstarrte Welt.

Wir knien auf den Planken.
Erbetteln Wärme und Nähe
von den Eisbergen.

Wenn sie nicht schmelzen,
müssen wir sterben –

oder selbst zu Eisbergen werden.

# himmlische depression

— k.u. robert berrer

Ein Stern, und strahlt er noch so hell,
dem Dunkel muss erliegen,
wenn seines Glanzes inn're Quell
beginnt, stumm zu versiegen.

Die eigne Schwerkraft, wie ein Joch,
hält dann sein Licht gefangen.
Zurück bleibt nur ein schwarzes Loch
aus dem nichts kann gelangen.

Darin sind weder Raum noch Zeit.
Kein hier, kein jetzt, kein morgen.
Es herrscht die nackte Einsamkeit
vor unsrem Blick verborgen.

## in der fremde
### — sabine fenner

Er steht schon seit Stunden
Vor der Kneipe am Eck
Und wartet auf ein paar Cent der Gnädigen

Finger schon wund von den abgewetzten Saiten
Klampft er auf der alten Gitarre
Ab und zu hält einer an, wirft was rein

Doch all das reicht nicht zum Überleben
Er spielt weiter, bis die Fingerkuppen bluten
*Home again*

## was bleibt?
— hanne werthen

Schwarze Stille umgibt mich ganz,
Vertraute Gefühle verblassen.
Empfunden ein schneidendes, unmenschliches Schreien,
Das widerhallt aus den Gassen.

Ziellos gelaufen, verbittert geweint –
Haltlos gefallen ins Nichts.
Die Zeit verrinnt, ich stehe daneben
Reglosen Angesichts.

Die Nacht ist vorüber, die Stunde ist nah.
Gelegen, geträumt, gewacht.
Die Sonne steht hinter schwarzem Schleier,
des Leides würdig gedacht.

Geschritten ins Schwarz, zerrissen, kalt –
Die Augen müde und blind.
Begraben die Hoffnung, begraben die Angst.
Begraben das eigene Kind.

Gehofft und gezittert, gebangt und geweint
Ins Dunkel Tag aus Tag ein.
Zur Ruhe gekommen, gehalten, beschützt.
Was bleibt ist die Liebe allein.

## aufbruch
— gerda smorra

ich breche auf
wohin fragezeichen
in ein leben das sicherer ist
todsicher fragezeichen

ich breche auf
wohin fragezeichen
in ein leben das leben verspricht
lebenswert fragezeichen

mein boot ist steuerlos
getrieben hin und her
wo werd' ich angespült
wie werd' ich angespült

mein weg ist steuerlos
getrieben hin und her
vom paragraphendschungel
vom politikgeklungel

mein tag ist steuerlos
getrieben hin und her
vom auferlegten nichtstun
zu heimweh, fremdheit und so viel mehr

ich bin aufgebrochen
wohin fragezeichen

## jagd
— aron boks

Kalt weht der Wind über dem Meer aus Sand
Einsame Häuser in denen Nichts wohnt
Verfolgt, suchst Schutz, der Verräter ist der Mond
Kalt umfasst dich eine Hand

Zu Eis erstarrt dein blasser Blick
Dem Verfolger ins Gesicht geschaut
Die schwarze Hand dir gar vertraut
Schweiß perlt von deinem Genick

In jenem Augenblick bist du der Nacht entkommen
Wüsten durchquert, durch gierige See geschwommen
Der Sinn steht der Freiheit

Auch fern von des Henkers scharfer Klinge Todgewalt
Ein schwarzer Ton durch die Straßen hallt
Bleibst in stiller Einsamkeit

154

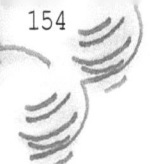

## fremdsein
— barbara6491schwarz

Viele Menschen –
keiner kennt mich.

Flüchtige Blicke,
die mich nur streifen
und sogleich verwerfen.

Wohin
soll ich mich wenden?
Im Grund ist's gleich –
ob dort, ob da...

Ausweichen,
eine Linie finden,
nirgends anecken...

Ungeschicktes Stolpern,
unsicher,
unbekannt.

Stimmengewirr –
unverständliches
Kauderwelsch.

Anonymität –
Mimikry –
Auslöschung.

## verloren

— stefanie junker

Ich ging davon, um mein Leben zu retten.
Ich verlor
meine Heimat, mein Herz, meine Seele.
Mein ICH.

Wo werde ich mich finden
in all den Wirren,
der Asche, die mein Verbrennen
hinterließ?

Meine Augen suchen am Himmel
eine Feder des Phönix,
zu füllen
meine leere Hand...

# einwanderer

— magnus tautz

Ich sah sie kommen
mit ihren schweren Gesichtern,
Krieg in den Augen.

Ich sah sie schleichen
an den dünnen Wänden,
tastend am Frühling.

Ich sah sie treiben
in den Augen dieser Stadt,
kleine mastlose Boote.

## der zauberer

— ralph bruse

Er saß auf jener Bank im Hafen,
beinah reglos, doch nicht stumm.
Die Augen zu, als würd' er schlafen,
wehen leise seine Worte um.

Das wirre Haar hob sich im Wind.
Hoch aufgestellt der Kragen,
vernimmt man Silben, wie vom Kind;
hört sich der Mann bald sagen:
„Du hast die Liebste nicht beschützt,
auch die kleine Tochter nicht.
Wem das verdammte Leben nützt,
allein und ohne beider Licht?!"

Sie fuhren einst zu dritt im Boot,
ringsum das raue Meer.
Dann waren zwei im Sturme tot.
Nur ihn warf es hierher.

Stunden rannen hin zur Nacht,
die keine Klarheit bringen.
Er hörte jemanden, der lacht
und eine Melodie erklingen...
So nah, so greifbar und vertraut,
zog es ihn durch das Dunkel –
weg vom Ort. Wohin er schaut:
zunächst nur flirrendes Gefunkel.
Doch dann wird aus der Sehnsuchtskraft
nur Wahrheit, die kein Schein erschafft...

Da saßen drei in einem Boot.
Sie fuhren unter gutem Stern
ins Nachtblau aus dem Abendrot,
und aller Sorgen fern.
Er sah die Liebste, sah das Kind.
Hielt beide fest im Arm.
Der Fischerkahn glitt hin, im Wind,
ganz gleich, woher der kam.
Sie spielten lachend Räuberleiter
und fingen Sternenregen.
Sie trieben ab und immer weiter....

Bis das erste Morgenlicht,
all seine Zauberkraft zerbricht.
Und der Mann von jener Bank,
geht tief gebeugt den Heimweg lang.

# irren in der fremde

— ramona ina buggenhagen

Ein Irren – angstvoll durch fremde Welt,
Hoffnung, Liebe, Frohsinn fehlt.
Das Leiden endlos – Sinn zerfallend.
Ein Schluchzen – kalt im Raum verhallend.
Schmerzgeplagt – wirr Lichtblick suchend,
das ungewollte Alleinsein verfluchend.

Ein Irren – im ewig fremdelnden Land:
Klagegesichter, sturmverbrannt.
Nach Sicherheit strebend – im rauen Wind,
fernab der Heimat – sorgenvoll, angstblind.
Tief Gedankenversunken – blass zitternde Hände,
Erinnerungsfetzen [Heimatbilder] an kahlweiße Wände.

## meerestief

— mona goertz

kalt gleitet das wasser
durch die gespreizten finger
in den tropfen
schimmert das licht
sinkt hinab
durch alle schichten
bis auf den leichengrund
wo schiffskelette sich winden
und seelen in totengewändern
in dunkler tiefe schleichen
still veralgen mit einem klagelied
das auf den lippen verharrt

manchmal nachts das geräusch
der wellen in meinen ohren
obwohl ich längst angekommen bin
auf der falschen seite der welt

ich wünsche mir ein anderes meer

## heimatlos
— tobias hainer

Angelangt an der Grenze
zwischen nichther und nichthin
heimatlos im Niemandsland
auf der legitimen Suche
nach einer Zuflucht

Ein Schrei nach Hilfe
in vielen Sprachen
in verschiedenen Vokalen
und Konsonanten
klopfen an das Tor
zur Hoffnung

Die Türen öffnen
mit einem Lächeln
Menschen als Menschen
willkommen heißen

## auf gerichtet
— marion bergmann

Auf
gerichtet aus zerbrochenem tag
kleben wir die scherben der nacht
aneinander

mit
zukunftsgrün besäen wir feine risse
und tränken wurzeln
aus lebensquellen

staunen der augen

immer wieder
und
einmal mehr

# grauer tag
— anett wassermann

Gleich den letzten Blättern fühle ich mich,
mit kaltem Wind stürmisch vom Baum gefegt.
Geweht ins Leere, gejagt ins Nichts,
von allen getrieben, von allem bewegt.

Wieg im Takte mich mit kahlen Stämmen,
hab Wurzeln tief und find doch keinen Halt.
Kann die Sehnsucht in mir schwer benennen,
verfang' und verlier' mich in rauem Spalt.

Aufgeschreckt und mit Eil' flieg' ich davon,
eingereiht in die lärmend' Spatzenschar.
Doch aus mir heraus dringt kein einzig' Ton,
bin Fremdling unter ihnen, wird mir klar.

Versteck' mich oft in des Nebels Schwaden,
spül' verletzt an Land durch des Lebens Gischt.
Tanz am Abgrund mit nächtlichen Schatten,
werfe von dort aus den Anker ins Licht!

# WortCollagen

Ankommen – Gemeinsam

aufeinanderzugehen

Hoffnung – Menschsein

**über das meer der sprache...**

— anka röhr

Über das Meer der Sprache
kommen wir zusammen

über Wortbrücken
balancieren wir
aufeinander zu

Wärme
verbindet
macht den Blick
auf unseren gemeinsamen
Urgrund frei

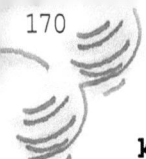

# kinderfrage
— oliver walter

Hast mich angesehen
mit Deinen großen Kinderaugen.
Hast zu mir aufgeschaut.
Hast mich gefragt:
„Glaubst Du wirklich, Papa,
dass wir alle mal
in Frieden leben?"
Hast Luft geholt.
„Dass es dann
allen Menschen gut geht?"
Habe Dich in den
Arm genommen.
Habe Dich angelächelt.
Habe Dir über's Haar
gestrichen und gesagt:
„Was soll ich denn
sonst glauben, Edy?"
Hast Dich angekuschelt.
Hast geschwiegen.

# drachen
## — steve hoegener

„Zwischen den kleinen Wolken. Er frisst sie." Mustafa blinzelte in den Himmel: „Da ist nichts." Eli, der kleinere, verwünschte seinen Bruder und schlug mit einer Rute nach einem der Schafe, damit es zurück zur Herde trottete. Dann zog Eli einen Kreis in die Luft: „Da ist der Drache, wie in *Herr der Ringe*."
Mustafa hatte ihm einmal vom Markt an der Grenze eine Raubkopie mitgebracht. Leider ohne Untertitel. Doch Eli zog sich den Film immer wieder rein.
„Er wird die Wolke fressen und dann unser Dorf verbrennen." Eli zeigte hinunter ins Tal und hielt inne. Ein Feuerball in einem Feld. Gefolgt von einem Rauchpilz. Mustafa packte Eli bei der Hand und sie liefen los. „Wir müssen zum Haus", schrie Mustafa. Dann hörten sie wieder eine Explosion. Sie echote zu ihnen hinauf. Weiße Pick-ups zogen eine bräunliche Staubfahne hinter sich, rasten auf's Dorf zu und spuckten Feuer nach allen Seiten. Ein Pick-up flog in die Luft, überschlug sich und landete auf dem Dach. Gewehre knatterten los, wo die Männer des Dorfes einen Checkpoint errichtet hatten. Die Brüder konnten die hin und her zuckenden roten Leuchtspuren der Kugeln sehen. Dann waren die Wagen schon im Dorf. Schwarze Fahnen. Sie schossen wahllos auf Häuser, warfen Granaten rein. Menschen flüchteten in die Moschee.

„Ihr sollt leben." Bei diesem Satz erwachten Eli und Mustafa aus ihrer Starre. Sie standen noch auf der Anhöhe. Es war früher Abend. Ihre Hände krallten sich aneinander. Die Mutter hielt Mustafas Gesicht in der Hand. Sie drückte ihm Geld und eine Tüte Kleider in die Hand. Auf einem Zettel: Adressen in der Türkei. „Lauft! Ihr wisst wohin. Vater hat es euch gezeigt. Eure Cousins wissen, was passieren soll." Eli starrte auf's Dorf. Schwarze Rauchsäulen stützten in den Himmel. Der Drache war verschwunden. Die weiße Kuppel der Moschee, ein gebrochenes Ei. Die Mutter umarmte ihn, hielt ihn fest. Er spürte ihre Tränen durch's T-Shirt.

„Es ist ein Paradies auf Erden. Du wirst sehen!"
„Ich will zurück. Kämpfen. Wir müssen Vater rächen. Unser Dorf."
„Eure Mutter hat euch zu mir geschickt, Mustafa. Es war schwer genug, euch in die Türkei zu schmuggeln. Ich schicke euch nicht zurück."
Mustafa und Eli schauten zu Boden. „Das Paradies liegt hinter den Wolken", sagte Eli. Der schnauzbärtige Aziz beklagte sich mit nach oben gekehrten Handflächen bei Allah über die Dummheit seiner Cousins und schwor, dass auf der anderen Seite ein besseres Leben warte.

Als sie in Bodrum aus dem LKW sprangen, sah Mustafa kurz einen bis auf die Badehose nackten Mann mit rundlichem Bauch, der sich eine Wurst in den Mund schob. Die Sonne blendete. Er wurde weitergezogen.

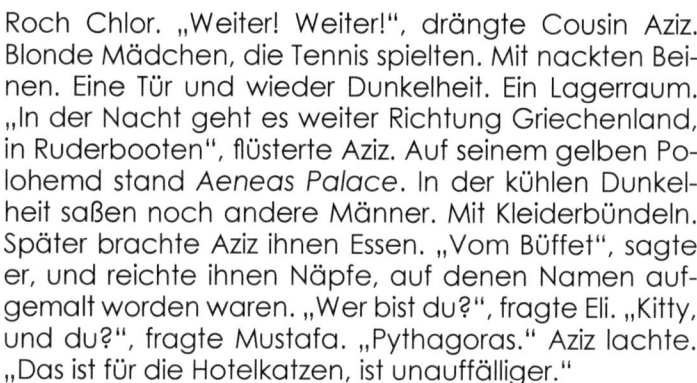

Roch Chlor. „Weiter! Weiter!", drängte Cousin Aziz. Blonde Mädchen, die Tennis spielten. Mit nackten Beinen. Eine Tür und wieder Dunkelheit. Ein Lagerraum. „In der Nacht geht es weiter Richtung Griechenland, in Ruderbooten", flüsterte Aziz. Auf seinem gelben Polohemd stand *Aeneas Palace*. In der kühlen Dunkelheit saßen noch andere Männer. Mit Kleiderbündeln. Später brachte Aziz ihnen Essen. „Vom Büffet", sagte er, und reichte ihnen Näpfe, auf denen Namen aufgemalt worden waren. „Wer bist du?", fragte Eli. „Kitty, und du?", fragte Mustafa. „Pythagoras." Aziz lachte. „Das ist für die Hotelkatzen, ist unauffälliger."

Mustafa trug den erschöpften Eli auf seinem Rücken bis an den Strand. Bei den Holzbooten entstand ein Gerangel. Jemand glaubte, Polizei gesehen zu haben. Als alle sich beruhigten, sah Eli Mustafa auf dem anderen Boot. Er winkte ihm zu. „Wir sehen uns in Europa!" „Versprochen!", rief Mustafa.

Die Nacht und das Rauschen der Wellen verschluckten das andere Boot. Rufe blieben unbeantwortet. Die Männer lösten sich beim Rudern ab. Sie waren allein im Universum. Über sich die Sterne zum Greifen nah, als könnte er in sie hinein rudern. Eli fragte sich, ob sie ihn leiten könnten. Oder der Mond, der sein Licht auf die schwarzen Wellen warf, unter denen, wie er fürchtete, Monster lauerten.

„Hier gibt`s keine Monster", lachte ein Mann im Bayern-Trikot. „Die haben wir hinter uns gelassen."

Ein Ruck, Eli schreckte hoch. Er hatte nicht bemerkt, dass er eingedöst war. Die Zunge klebte am Gaumen. Tatsächlich. Sterne auf blauem Hintergrund. Er wollte schreien, doch die Männer hießen ihn, ruhig zu sein. Sie waren auf Grund gelaufen. Vor Land. Ein kleiner Hafen, dahinter am Hang, kleine weiße Häuser. Die Sonne war dabei, aufzugehen, man sah noch keine Menschen bei den Booten. Die Männer wollten versuchen, an Land zu schwimmen. Auch die, die nicht schwimmen konnten. Alle sollten leise sein. Man fürchtete die Polizei. Doch plötzlich, wie aus dem Nichts, donnerte ein Hubschrauber heran. Wasser spritzte über sie. Ihre Worte wurden fortgerissen. Aus dem Lautsprecher schallten Befehle, die keiner verstand. Die Männer waren aufgeregt, winkten, priesen Gott oder fluchten. Standen auf. Einer sprang ins Meer und im nächsten Augenblick drehte die Welt sich um sich selbst und wurde schwerelos. Als Eli die Augen wieder aufriss und nach Luft schnappen wollte, sah er das Boot und strampelnde Füße über sich und ein Ruder. „Das Ruder!" Mit einem Schlag wurde alles schwarz.

Die junge Frau schaute ihn fragend an. Aber er verstand kein Türkisch. Dass es Türkisch war, wusste er aus den TV-Serien. Dann sprach sie ein paar Brocken Kurdisch: „Ob er Familie hier habe?" Eli verneinte. Die junge Frau mit den schönen grünen Augen schob ihm einen Fruchtsaft über den Tisch. „Ich habe einen

Bruder", meinte er zögerlich. Und hoffte, ihn nicht zu verraten. Polizisten konnte man nicht vertrauen. Aber er wollte ihm auch helfen. „Wo? Hier? War er auf dem Boot?" Eli verneinte. „Auf dem Meer. Auf einem anderen Boot. Mustafa. Er habe ein neues Leben gewollt. Es habe alles mit Drachen angefangen, im Himmel." Und zum ersten Mal spürte Eli Tränen in seinen Augen aufsteigen. Er stockte. Die Frau schaute in ihre Papiere, dann zu einem der Polizisten, der im Raum stand. Eli sah, dass er mit dem Kopf schüttelte. Die Frau meinte, dass man das Boot suche. „Mustafa gibt nicht auf", flüsterte Eli.

Im Zimmer war bereits ein anderer Junge. Er winkte Eli zaghaft zu. Eli ging zum Fenster und sah auf einen Hof. Männer saßen dort oder schlenderten herum. Rauchten. Rundherum Stacheldraht. Im Wind flogen eine griechische Flagge und der Sternenkreis.
„Ihr sollt leben", hatte die Mutter gesagt. Er schaute zum Himmel hoch, zu den Wolken. Keine Drachen. Aber zwischen den Wolken, die sich im abendlichen Blau zerfaserten, die ersten Sterne der neuen Nacht. Er hoffte, dass sie Mustafa auf den Wellen leiten würden.

## deine verzweiflung...

— irene daecke-kamischke

Deine Verzweiflung
ist zu tief
für Trost

Deine Angst
ist zu groß
für Worte

Mein Denken
dadurch verwandelt
in Fassungslosigkeit

Unsere Hoffnung
ist unser Band
in Sprachlosigkeit

## versuch
— andrea lorenz

Einsamer
Fremder
Bleibe
Bitte
Setzt dich
Zu mir
Deiner Sprache
Nicht Mächtigen
Dann können wir
Wortlos
Das Schweigen
Teilen
Uns im Lächeln
Finden
Und erkennen
Einander
Im Augenblick
Weiter
Entscheidet
Sowieso
Unser Herz
Versuchen
Sollten wir es

# tausend schwere schritte
## — bettina lichtner

Über tausend schwere Schritte
ging die Frau, der Mann, das Kind.
Und im Herzen nur die Bitte:
„Nehmt uns an, so wie wir sind."

Und im Herzen nur das Flehen:
„Helft uns doch! Wir sind in Not!"
Könnt Ihr ihre Augen sehen?
Seht, dort spiegelt sich der Tod.

Seht, dort spiegeln sich Gefechte,
Kämpfe, Sterben, Schmerz und Leid.
Warum ballst du deine rechte
Faust vor diesem Flüchtlingskleid?

Öffne deine Faust zum Geben,
und dein Herz, um nett zu sein.
Vor dir steht ein armes Leben!
Wirf ‚s nicht raus! Bitt' es herein!

„Nur herein, Ihr lieben Leute!"
Fällt der Satz dir gar so schwer?
Dann bedenke hier und heute:
du bist selbst ein Wanderer.

Selbst ein Gast auf dieser Erde,
ohne ewigliche Stadt,
nur ein Schaf in Gottes Herde,
das hier keine Bleibe hat.

Und du Schäflein wagst zu meckern?
Trag' doch mal des Flüchtlings Schuh,
statt Parolen zu verkleckern.
Oder gib ganz einfach Ruh'...

Nimm den Flüchtling in die Mitte,
fühl' dich rein ins schwere Los.
Er ging tausend schwere Schritte.
Ach... und leben will er bloß.

# ich reich dir die hand

— lisi schuur

Geflohen bist du
in deiner Not
denn
man hat dich
aus deinem Leben
gedrängt
dich
bedroht
dabei
willst du
leben
genau wie ich
doch du
hast es verloren
dieses Gefühl
was Leben sein kann
willst es wiederfinden
man hat es dir genommen
das Gefühl der Sicherheit
die Möglichkeiten
deiner Zukunft
ich reiche dir die Hand
und lasse dich in mein Leben
gib mir deine Hand

hab keine Angst

wir versuchen
uns zu verstehen

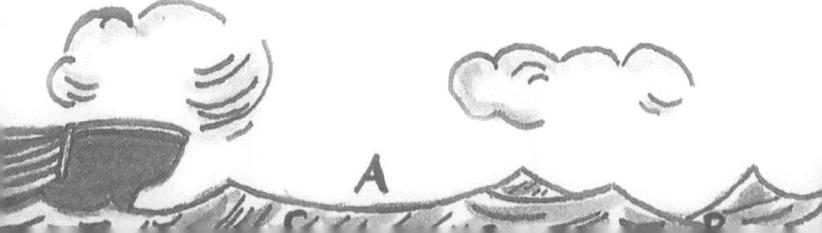

## unter dem einen sind alle gleich

— helene elis

Da steht ein Banker
im schützenden Mantel.
Der Regen fällt
auf seinen schwarzen Schirm.
Die Welt ist ständig
und dabei im Wandel.
Er schaut auf sein Handy
und kräuselt die Stirn.

Du stehst daneben
in alter Kleidung.
Der Regen fällt
auf Dein schwarzes Haar.
Leere im Auge,
doch keine Vermeidung.
Wir sind Dir fremd,
doch fremd stehst Du da.

Einst sprach Dein Prophet es,
dass wir alle gleich sind,
ob Muslim, ob Jude,
noch sonst, was da ist;
dass ein jeder Mensch,
mit Kegel und Kind,
sich liebe und schätze,
bar von Kriegen und Zwist.

Nun bist Du geflohen,
weit aus Deiner Heimat,
hast alles gelassen,
um im Regen zu steh'n
in alten Klamotten,
den Kopf voller Untat,
hast vieles vergessen,
hast zu viel geseh'n.

Wir wissen, was Not ist.
Ja sogar der Banker.
Sein Großvater wusste,
was Kriege uns tun.
Wir lebten in Trümmern
und bebten in Bunkern.
Wir haben gelernt.
Was machen wir nun?

Der Banker, er lächelt
und reicht seinen Schirm.
Nun wird auch er nass,
doch er fühlt sich reich.
Auch er lebt im Glauben,
zudem hat er Hirn,
weiß: Unter dem Einen
sind Du und er gleich.

# menschen der welt

— michael krause-blassl

Es gibt kein Volk
auf dieser Welt
und kein Land,
das mir mehr gefällt,
als alle andern.

Das einzige Volk,
das ich wirklich liebe,
heißt: Menschen!

Das einzige Land,
(zu) dem ich wirklich gehöre,
heißt: Erde!

## seemannsgarn
— michael starcke

noch ist nicht alles
gesagt, wie es in zukunft
weiter gehen soll,
brauchbare vorschläge,
versteckt in noch nicht
geöffneten testamenten.

noch ist nicht alles
gesagt über den umgang
mit bürgern und mitmenschen,
über luftorakel
und gekenterte boote
an den küsten europas.

noch ist nicht alles
gesagt, was missverständnisse
und freundschaft verbindet,
an wen feuer und flamme
das wort richten werden.

niemand weiß,
was das nächstliegende papier
hinkritzeln wird als notiz
in der nacht, wenn sterne
bedeutend strahlen und sich von
der winderfahrung zerbröseltes
seemannsgarn entwirren lässt.

## willkommen in unserer mitte

— volker rubin

Ich trage diesen Dolch für dich,
der du vor Mord und Terror fliehst,
für dich, der aus der Heimat wich,
weil du dort keine Zukunft siehst.

Fürs Volk, das man brutal verriet,
halt ich den Dolch in meiner Hand,
für euch, die ihr im Chaos kniet,
beschimpft, verfolgt im eignen Land.

Ich wetze diesen Dolch voll Wut
für euch, die ihr von weither kamt,
ihr sucht ein Heim, seid ohne Mut
und hofft, dass jemand sich erbarmt.

Ich stoße diesen Dolch ins Mark
der frevelhaften Bourgeoisie.
Wann wird die Liebe groß und stark
und zwingt den Wahnsinn in die Knie?

Blitzt auch der Dolch in deiner Hand,
frag erst dein Herz, dann den Verstand.
Zerschneid das faulige Geflecht,
Barmherzigkeit wiegt mehr als Recht.

# reißt euch raus den tiefen stein

— ephraim k.

Ohnmacht opfert ohne Reue,
Mauscheln heißt die neue Schläue,
Omen tragen wieder Blut!
Darbend hält das Volk die Kreuze,
Narben schlagen junge Käuze,
Nächte zittern kalt vor Glut!

Kriege, keinen Hunger leiden,
Waffen satt im Blute weiden,
Kinderblicke leer verhärmt!
Hoffnung wohnt in Trümmerzelten,
deren Wände Not durchkälten,
während Macht das Geld umschwärmt!

Wer beschneidet diese Herzen,
deren Wut verbreitet Schmerzen,
sät den Frieden in die Brust?
Wer entfernt das Herz aus Steinen,
reicht das Fleisch damit sie weinen,
selber spüren den Verlust?

Esst die Toten, das Gewimmer,
spuckt Versprechen, spendet Schimmer,
fördert euer Kapital!
Hört wie laut die Reichen lachten,
Gold und Silber stets bewachten,
Nieder reißend kam die Qual!

Frieden kann nur Herz ergreifen,
Liebe bloß in Freundschaft reifen,
Hass in Zwietracht nur gedeih'n!
Lasst die Kluft nicht Tränen trinken,
Mut in Kummer hilflos sinken,
reißt euch raus den tiefen Stein!

## der gleiche takt

— stephanie mattner

Fremd bin ich –
ein Mensch mit Menschen,
doch allein.
Die Sprache fremd,
die Stimmen laut,
Tradition, Religion
anders und doch vertraut.

Fremd bin ich –
Blick an Blicke
fühl' ich, seh' ich hadern.
Eine Sonne, ein Mond,
andere Welt,
doch auch nur Blut
durch Venen und Adern.

Fremd bin ich –
ihre Zeichen auf Papier
nur fremde Schrift,
nicht fremder Sinn.
Ein Stift, ein Wort:
„R e s p e k t" –
Inhalt mit Gewinn!

Fremd bin ich –
ein Mensch wie Du:
Liebe suchend,
Hoffnung lebend,
kämpfend
um eine neue Chance –
wartend und bang.

Fremd bin ich –
vielleicht nur
eine fremde Sicht:
Mein Herz, es schlägt
hat Angst, wie Dein's,
im Takt, im Takt
und nicht mehr allein.

# flehen

— luitgard kasper-merbach

Du hörst nicht auf
zu flehen
nach den Wundern
des Lebens,

nach den Augen
der Vertrautheit
und den Straßen
der Fantasie.

Du glaubst
an den Frieden,
der Dein Haus verließ,
um einzukehren
täglich neu.

Ich wünsche,
dass der Klang
Deiner Tage
Dich weiterträgt

und das
schwarze Kleid
fortschwebt
zu den Dächern
des Trostes.

Und Du sehnst Dich
nach der Hand,
die Dich führt,

wenn der Nebel
die Seele eingräbt
und der Klang
der Hoffnung

im Morgentau

## asyl
— eva gruber

Heute Nacht hat's nebenan gebrannt.
„Gott sei Dank nicht bei uns im Haus",

denke ich und trinke meinen Kaffee.

Die Feuerwehr erledigt letzte Arbeiten
und vor meinem Fenster stehst du.

Ich lege mir eine Scheibe Käse auf's Brot.

Durch das Fenster sehen wir uns an.
Ich im Morgenmantel, du in Kleidung von Irgendjemandem.

Ich beiße in meine Stulle und kaue.

Irgendwie siehst du traurig aus.
Mit erhobener Hand deutest du Richtung Wohnheim.

Nervös schlucke ich den Brotbrei hinunter.

„Krieg, Krieg!" rufst du laut und weinst.
„Wieso?" denke ich, „Hier bei uns? Nein."

Ich schenke Kaffee nach und fühle mich komisch.

Draußen erscheinen ein paar verrohte Gesichter
mit Fahnen und Geschrei, wie vor 75 Jahren.

Meine Hand umklammert die Tasse.

Ich denke an die Dokumentationen im Fernsehen.
Kann es sein, dass es wirklich so beginnt?

Kaffee, sicher hinter vorgeschobener Gardine getrunken.

„Scheiß drauf", ich renne die Treppen runter,
öffne die Tür und rufe dir zu, du sollst kommen.

Die mitgeschleppte Tasse zerschellt auf dem Bürgersteig.
Braune Brühe rinnt kraftlos in steinerne Ritzen.

Während ich hektisch einladende Gesten mache,
bekomme ich Angst um dich.

Ich möchte dir doch Kaffee anbieten.

Du schaust gehetzt um dich und entkommst knapp.
Ich verriegele nach dir die Tür, Steine werden geschleudert.

„Jetzt erst einmal ein warmes Getränk", sage ich.

Du versuchst in gebrochenem Deutsch zu erzählen,
dabei drückst du mir immer wieder freundlich die Hand.

Zusammen machen wir zwei Kannen Kaffee leer.

Der Nachbar bringt verlegen einen Kuchen.
Wir sitzen zusammen und lächeln uns schüchtern an.

Ich beschließe, dir meine Tür offen zu halten.

## eines morgens
### — artem zolotarov

Eines Morgens wach ich auf
und dieser Krieg ist dann vorbei.
Ich hör ein erstes Vogelzwitschern
und keinen letzten Kinderschrei.

Ich werde meine Augen schließen
und wissen, dass die Sonne scheint.
Dass Frieden ist für viele Jahre
und keine Mutter wieder weint.

Ich weiß, sie werden weiter streiten,
doch keine Meinung fordert Blut.
Diplomatie ersetzt Raketen,
Vernunft regiert statt Neid und Wut.

Mit meinen Brüdern werd' ich leben,
in einer Welt, die friedvoll bleibt.
In der die Liebe unsern Kindern,
mehr wiegt, als Fremdenhass dem Feind.

# frieden

— christina udwari

ist der Zustand,
den wir zuallererst
mit uns selbst haben müssen,
bevor wir
auch nur daran denken können,
ihn demütig
ein wenig in die Welt zu bringen.

## verbunden

— eva-maria mfutso-bengo

Grenz-weitige Herzen
Wir brauchen sie
Für den Raum
Der endend mit Glasfaserkabel vernetzt
In dem Menschen
Allerorten
Uns Familie sind.

## mauersegler

— kat stark

Über der Via Pontica
ist dein Lachen
manchmal 8500 Meter
hoch und ich verstehe
nur Worte, die mir
fern bleiben.

Soziodivers liegt
deine Welt im
Winter, tummelt
sich im Gefieder mit
Fitis, Kiebitz und
Nachtigall.

Du bist ein
Zugvogel in nur
einem Land. Auf der
einen Seite ist die
alte, auf der anderen
die neue Heimat.

## kleine philomena
#### — c. brendan

Das Stück Stoff in deiner kleinen Kinderhand,
für dich das Wichtigste, hier in diesem fremden Land.
Ein Stück Geborgenheit spüren,
in Gedanken deine Mama berühren.
Sie, die nun von oben über dich wacht,
die sich jetzt, in diesem Moment für dich freut, mit dir lacht.

Endlich bist du lebend in Sicherheit angekommen,
wenn auch geschwächt, von den vielen Eindrücken benommen.
Doch so unendlich berührend der warme Empfang,
der dir spürbar, tief bis in deine gepeinigte Seele drang.
Von zahllosen Gefühlen übermannt,
sagt dir, dein empfindsamer Verstand,
dass die Menschen hierzulande
wirklich von Herzen bereit sind und imstande,
dir Hilfe, Schutz und Zuflucht zu schenken.
Ja, scheinbar ganz ohne Bedenken,
ohne Ansehen von Religion und Geschlecht,
einzig orientiert am Völkerrecht,
dich als schutzbedürftiges Menschlein zu verstehen,
und vorurteilsfrei auf dich und die Deinen zu zugehen.

So hatte deine Mama es dir versprochen,
Wochen bevor ihr zur Flucht aufgebrochen.
Dort, wo euer Leben tagtäglich in Gefahr
die ständige Angst fesselnd, immerdar.
Der letzte Angriff der Terror Miliz, katastrophal,
Tote und Verletzte, Traumatisierte ohne Zahl.
Der Tag an dem du verzweifelt deinen Vater gefragt,
an dem dieser dir tränenschwer gesagt:
„Mama wird dich immer lieben,

ist für immer in deinem Herzen eingeschrieben."
Weinend gab er dir, in deinem Leid,
ein Stückchen Stoff aus Mamas Lieblingskleid,
„So kannst du sie immer spüren,
sie bei dir tragen, sie immer berühren.
Ein Schutzschild gegen alle Traurigkeit,
ein kleines Stück Geborgenheit."
Seit diesem Tag trägst du es voller Schmerz,
ganz nah an deinem geschundenen Herz.

Und nun da die Flucht gelungen,
ist auf einmal eine fremde Hand zu dir durchgedrungen.
In ihr liegt etwas, klein, weich und kunterbunt,
hebt sich ab vom Hintergrund.
Für dich!? Ein kleines Geschenk?
Du greifst danach, schüchtern, etwas ungelenk
und doch spürst du spontan,
diese Hand, die ist dir zugetan.
In ihr ein kleines Bärchen in lebendigen Farben,
als heilendes Seelenbalsam für deine Narben.
Inmitten all des Leides, all der Pein,
ein Farbtupfer für dich, zum Glücklich sein.

Just in diesem Moment schläfst du ruhig und sacht
und in deiner kleinen Hand da wacht,
das bunte Bärchen, gehüllt in Mamas Kleid,
mit tiefem Dank für dies Stück Geborgenheit.
Deine Tränen, die waren zum Fließen bestimmt,
doch nun erfüllt sich auch für dich mein Kind
das Recht auf ein helles, tröstend´ Licht,
eine lebendige Zukunft mit wachsender Zuversicht.

Kleine Philomena, mögen Allah und Gott mit dir sein,
mögen sie dich spüren lassen, du bist nie allein.
Und ich, verankert in deinem Herzen, bin dir niemals fern,
Philomena, meine geliebte Tochter, mein Augenstern.

P.St
2015

## kinder-augen-blicke

— andrea lutz

Bevor ich dich traf,
wusste ich nicht, wie ängstlich Augen sein können.
Das war das Erste, was mir an dir auffiel.

Bevor ich dich traf,
wusste ich nicht, dass Augen sprechen können.
Das war die zweite Erkenntnis, die du mir geschenkt hast.

Bevor ich dich traf,
wusste ich nicht, dass Augen fesseln können.
Diese Fähigkeit hatte ich vorher bei keinem anderen
                                    [ Menschen erlebt.

Bevor ich dich traf,
wusste ich nicht, wie viel Leid in einem Blick liegen kann.
Auf diese Erkenntnis hätte ich gerne verzichtet.

Bevor ich dich traf,
wusste ich nicht, dass dieser Augenblick mein Leben
                                    [ verändern würde.
Heute weiß ich auch das.

Bevor ich dich traf,
erschienen viele Dinge sinnlos, ich lese in deinen Augen
und alles hat einen Sinn.

Bevor ich dich traf,
glaubte ich, das Wichtigste in meinem Leben
schon erlebt zu haben.
Seit unserer Begegnung erlebe ich das Leben
                                    [ täglich neu.

Der ganze Sinn des Lebens
liegt in deinen großen braunen Augen.
Die ganze Kraft in deiner schmalen Hand.
Die ganze Liebe in deinem zärtlichen Wesen.

Was hätte ich nur getan,
wenn ich dich Kind nicht getroffen hätte?

## trümmerseele

— alexandra wirth

Ich fühle das wunde Leid so sehr,
und falle in mein eigenes Meer.
Wenn ich in Eure Augen blicke,
sehe ich Alles, und ich verrücke
vom Hier und Jetzt in die alten Zeiten.
Mein ganzes Wandeln, alles Schreiten,
tritt verbunden an Eure Seite
und in mir entsteht eine tiefe Weite.

Wenn ich in Eure Gesichter schaue,
erblick' ich das tiefe, wunde Blaue,
und immer, wenn ich es so offengelegt seh'
und an meiner eigenen Wegkreuzung steh',
in alle denkbaren Richtungen blick',
fühl' ich Euren letztgegangenen Schritt

und ich verharre
in demütiger Starre,

umarme erst all Eure weinenden Wunden
und alles, was in Euren Tiefen geschunden,
tauche in Eure tränenden Herzen
und wiege die müden, aufzehrenden Schmerzen.
Etwas Leichtes von mir möchte ich Euch schenken
und all Eure Ängste zur Liebe hin lenken.

Ich weiß es so sehr,
zu vertrauen ist schwer,

wenn Einsamkeit alle Sinne umschließt
und Träne nicht mit Erleichterung fließt.
Die Blicke zeigen verletzte Seelen,
und tröstliche Worte können verfehlen,
wenn kein Arm bereit ist, in Liebe zu halten
und nur Misstrauen und Ängste walten.

Ich möchte mich zu Eurer Seele legen
und mich solang' nicht mit Euch bewegen,
bis ein leises Lied aus den Herzen erklingt
und für uns von Freiheit und Liebe singt.

# begegnung mit dem fremden
— susanne brandt

Wir standen am Bahngleis
frierend
aus der Fahrplanroutine
herausgeworfen
im Warten nie gut

Nur einer von uns
der kannte sich aus
mit durchkreuzten Plänen
hatte Visionen
von möglichen Wegen
wenn nichts mehr geht

Dieser eine
der Fremde
aus Syrien geflohen
war mit allem vertraut
barg grenzenlos Wärme im Mantelfutter
teilte sie aus
konnte der Zeit kleine Sprünge entlocken
bis wir lachend vergaßen
was warten heißt
für einen Moment

Später
als endlich der Zug kam
hasteten wir zum gewohnten Gleis
schauten uns um
wollten winken

und fanden ihn nicht

## umbruch
— udo brückmann

Die Freiheit liegt in Schranken
Und ruft mit den Kindern
Auf den Plätzen der blutenden Steine
Nach Erlösung

Gedanken brennen ohne Einhalt
Vereint im Halbmond der Geschwister
Mit den Freunden
Des gekreuzigten Himmels

Die Nacht ist geflohen in die Asche
Und doch erhebt sich
Aus einem mächtigen Lichtstrahl
Der farblose Phönix
In der Geburt der allumfassenden
Farbenprächtigen Freiheit

# ich habe einen traum

— konstantin wecker

Ich hab' einen Traum, wir öffnen die Grenzen
und lassen alle herein,
alle die fliehen vor Hunger und Mord,
und wir lassen keinen allein.

Wir nehmen sie auf in unserem Haus
und sie essen von unserem Brot,
und wir singen und sie erzählen von sich
und wir teilen gemeinsam die Not

und den Wein und das wenige was wir haben,
denn die Armen teilen gern,
und die Reichen sehen traurig zu,
denn zu geben ist ihnen meist fern.

Ja wir teilen, und geben vom Überfluss,
es geht uns doch viel zu gut,
und was wir bekommen, ist tausendmal mehr
und es macht uns unendlich Mut.

Ihre Kinder werden unsere sein,
keine Hautfarbe und kein Zaun,
keine menschenverachtende Ideologie,
trennt uns von diesem Traum.

Vielleicht wird es eng. Wir rücken zusammen,
versenken die Waffen im Meer.
Wir reden und singen und tanzen und lachen,
und das Herz ist uns nicht mehr schwer.

Denn wir haben es doch immer geahnt
und wollten es nur nicht wissen:
Was wir im Überfluss haben, das müssen
andere schmerzlich vermissen.

Ja wir teilen, und geben vom Überfluss,
es geht uns doch viel zu gut.
Und was wir bekommen, ist tausendmal mehr
und es macht uns unendlich Mut.

Und die Mörderbanden aller Armeen,
gottgesandt oder Nationalisten,
erwärmen sich an unsren Ideen
und ahnen, was sie vermissten.

Ja ich weiß, es ist eine kühne Idee
und viele werden jetzt hetzen:
ist ja ganz nett, doch viel zu naiv,
und letztlich nicht umzusetzen.

Doch ich bleibe dabei, denn wird ein Traum
geträumt von unzähligen Wesen,
dann wird an seiner zärtlichen Kraft,
das Weltbild neu genesen.

Ja, ich hab einen Traum von einer Welt
und ich träume ihn nicht mehr still:
Es ist eine grenzenlose Welt
in der ich leben will.

# macht liebe

— petra erdling

Ich bete an die Macht der Liebe,
die sich in allem offenbart:
Im Stein und Blatt und jedem Triebe,
dass jeder Wurm geliebet ward.
Wo Flüchtlinge grausam ertrinken,
zu tausenden im Meer versinken,
will ich, anstatt an mich zu denken,
ins Meer der Liebe mich versenken.

Und beten an den Reichtum im Herzen,
um Mitgefühl mit allen Schmerzen,
und eilen zu lindern die große Not,
denn wir sitzen alle im selben Boot,
auf unserem schönen blauen Planeten,
den wir zerstören mit Hass und Raketen.

Ich bete an die Macht des Mutes,
die sich im Handeln offenbart,
bekanntermaßen gibt´s nichts Gutes,
außer man tut es, in der Tat:
Unabhängig von Rasse und Religion,
unseren Reichtum teilen mit jedem Sohn
und jeder Tochter dieser Erde,
auf dass es endlich Frieden werde.

# dank
— mirani meschkat

wer könnte euch besser lieben als wir?
die uns erlösung bringen, seid ihr.

wir träumten im land zwischen bergen und meer,
ahnten das grauen, das siebzig jahr her,
aus der ferne nur noch, ganz von ungefähr,
als wenn's gar nicht unser eigenes wär...
mit angst im herzen und starrem denken
wagten wir nicht uns dem licht zu schenken.
die vor uns waren, erlaubten es nicht,
entließen uns nicht aus der kindespflicht
mauern zu bauen
gegen das grauen,
mauern aus dingen
das glück zu erringen:
zwingt grauen raus und wohlstand rein,
drum lasst uns alle fleißig sein...

und wenige lagen auf den knien,
sangen von freiheit und sie schrien
mit blutenden herzen,
flammenden kerzen,
umarmten bäume,
bauten auf träume.
wir pflichtbewussten verstanden sie nicht,
hielten das haben für unsere pflicht,
als ob wir, wenn wir genügend hätten,
imstande wären uns selbst zu retten.
nun kommt ihr von fernher in unser land,
eure städte sind trümmer und abgebrannt,
und endlich verstehn wir, können es seh'n:
das grauen braucht liebe, sonst kanns nicht vergeh'n!

die uns erlösung bringen seid ihr,
wer könnte euch besser lieben als wir?

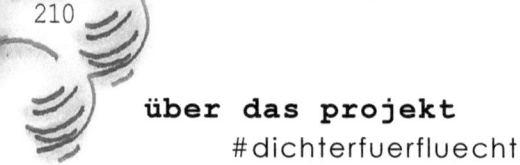

## über das projekt
#dichterfuerfluechtlinge

„Dichter für Flüchtlinge" ist eine Aktion des Publikationspojektes SternenBlick, das Mitte 2013 von Dichtern und Poesiebegeisterten initiiert wurde. Ziel ist es zeitgenössische Poesie zu fördern und dabei gemeinnützig zu agieren. Sämtliche Erlöse aus den Veröffentlichungen des Projektes werden gespendet. Mit diesem Band unterstützen wir die BürgerInnen-Initiative „Moabit hilft", die sich ehrenamtlich um verschiedene Belange von Flüchtlingen kümmert.

Mehr Informationen zur Aktion und zum aktuellen Spendenstatus sind der Homepage zu entnehmen:

www.dichterfuerfluechtlinge.de

und auf:

www.sternenblick.org

*Näher am poetischen Herzen*

## über die herausgeber

— stephanie mattner & michael pilath

### herausgeberin: stephanie mattner

Die Wahlberlinerin studierte Neuere deutsche Philologie mit Schwerpunkt auf Editionswissenschaft. Derzeit arbeitet sie in einem etablierten Verlag.
„SternenBlick" ist ihr Herzensprojekt, das ihre Leidenschaft für Dichtkunst und Buchgestaltung vereint.

### mitherausgeber: michael pilath

Der Kölner Autor brachte bereits 1972 seinen ersten Gedichtband heraus und ist in vielen Anthologien vertreten. Seit 25 Jahren engagiert er sich für die Belange von Kindern und in der Integrationshilfe. Gerne unterstützt er das SternenBlick-Projekt seit der ersten Stunde.

## danksagung
### — für euch

Der größte Dank richtet sich an die über 400 Poeten, die sich an der Ausschreibung zu diesem Band beteiligt haben, und den knapp 140 Dichterinnen und Dichtern, die es nach einer (emotional) harten Auswahl in „TrümmerSeele" geschafft haben. Es zeigt die Brisanz des Themas, aber auch, wie viele Menschen sich für Toleranz, Nächstenliebe und Hilfsbereitschaft einsetzen – worüber wir uns außerordentlich freuen.

Einen besonderen Dank richten wir an den Illustrator Peter Starcke, der keine Sekunde gezögert hat, als wir ihn um die Mithilfe zu diesem Werk gebeten haben. Die entstandenen Grafiken bereichern nicht nur dieses Buch, sondern sind inzwischen auch auf Leinwand gedruckt in der Christuskirche in Bochum-Linden öffentlich zugänglich.

Wir danken außerdem Konstantin Wecker, der allen Schwierigkeiten und Gegenstimmen (bzw. -stimmungen) zum Trotz, an seinem Traum für eine friedliche, gemeinschaftliche Welt festhält, dafür unermüdlich einsteht und uns damit zu einem Vorbild geworden ist. Wir freuen uns, dass er dieses junge Projekt so selbstverständlich unterstützt.

Zuletzt danken wir all jenen Menschen, die sich tagtäglich und in vielfältiger Weise für Flüchtlinge einsetzen, die, vom Schicksal gezeichnet, nun unserer besonderen Hilfe und Zuwendung bedürfen. Den stetigen Einsatz dieser Helferinnen und Helfer wollen wir mit der Aktion #DichterfuerFluechtlinge würdigen.

# Inhaltsverzeichnis

## Kapitel 1 — WortTrümmer

## Kapitel 2 — WortGeschwemmt

## Kapitel 3 — WortGrenzen

## Kapitel 4 — WortFetzen

## Kapitel 5 — WortCollagen